# OXFORD

# take off in
# **Spanish**

## Travel Dictionary and Phrasebook

## OXFORD
UNIVERSITY PRESS

# OXFORD
## UNIVERSITY PRESS

Great Clarendon Street, Oxford OX2 6DP

Oxford University Press is a department of the University of Oxford.
It furthers the University's objective of excellence in research, scholarship,
and education by publishing worldwide in

Oxford  New York

Auckland  Cape Town  Dar es Salaam  Hong Kong  Karachi
Kuala Lumpur  Madrid  Melbourne  Mexico City  Nairobi
New Delhi  Shanghai  Taipei  Toronto

with offices in

Argentina  Austria  Brazil  Chile  Czech Republic  France  Greece
Guatemala  Hungary  Italy  Japan  Poland  Portugal  Singapore
South Korea  Switzerland  Thailand  Turkey  Ukraine  Vietnam

Oxford is a registered trade mark of Oxford University Press
in the UK and in certain other countries

Published in the United States
by Oxford University Press Inc., New York

© Oxford University Press 2000, 2004, 2008

The moral rights of the author have been asserted
Database right Oxford University Press (maker)

First published as the *Spanish Wordpack* 2000
First published as the *Travel Dictionary and Phrasebook* 2004
Second edition 2008

British Library cataloguing in Publication Data
Data available

Library of Congress Cataloging in Publication Data
Data available

Typeset by The Read Setter, Osney, Oxford
Printed in China through Phoenix Offset

ISBN 978-0-19-860972-8

Only available as a component of *Oxford Take Off In Spanish*

1 3 5 7 9 10 8 6 4 2

# Contents

# Contributors

| | |
|---|---|
| **Editor** | Ana Cristina Llompart |
| **Editorial Manager** | Valerie Grundy |
| | |
| **Proofreader** | Victoria Romero Cerro |
| **Data Capture & Editing** | Philip Gerrish |
| **Text Management** | ELLA Associates Ltd. |

# Introduction

This book has been designed to function as a lively and accessible tool for anyone with an interest in expanding their knowledge of Spanish. It provides the words and phrases necessary to everyday communication in a wide variety of contexts. There are 65 topic sections, each of which has been created to provide a window into how Spanish is used to talk about a particular real-life situation.

The topic areas are arranged so as to move outwards from people, relationships, and domestic surroundings, through everyday life, work and leisure, into the world at large. Each separate topic is presented on a double-page spread and has its own number and title, making for easy identification of the area of vocabulary covered. Within each topic, the information is ordered according to type of word, so as to provide a clear structure for vocabulary learning. Similarly, within word types, the words and phrases are grouped to reflect relationships in the real world, rather than as alphabetical lists.

Where appropriate, topic sections contain unique *Language in Action* features. These are examples of everyday Spanish as used by native speakers of the language, reflecting the language area. They range from dialogues and sketches to newspaper articles, reviews, and advertisements. The aim is to draw language-learners into a variety of linguistic contexts, such as they might encounter in a Spanish-speaking environment, and to encourage intuitive assimilation of sentence structure and idiom, as well as reinforcing vocabulary learning.

# How to use this book

Use the Contents section to identify the subject area and topic that you are interested in. Before the title of the topic, you will find the topic number. These are shown clearly, along with the title, on each left-hand page throughout the main part of the book. Each is also shown in a vertical strip on the right-hand page, for extra-easy look-up. The layout of the pages has been designed to be as clear, open, and accessible as possible. We hope that users will enjoy exploring them. After the 65 topic areas, there is a phrasebook section, which lists the most useful phrases to help you cope with everyday situations.

## Abbreviations and symbols

| | |
|---|---|
| (M) | *masculine gender* |
| (F) | *feminine gender* |
| (pl) | *plural* |
| (inv) | *invariable: the plural is the same as the singular* |
| (US) | *American* |
| ™ | *trade mark* |
| * | *informal* |

# 1 People 1: personal details

| | |
|---|---|
| el hombre | *man* |
| la mujer | *woman/wife* |
| el niño/la niña | *child, boy/girl* |
| el chico/la chica | *young man/woman* |
| la persona | *person* |
| la gente | *people* |
| el señor/la señora | *gentleman/lady* |
| el/la adolescente | *teenager* |
| el adulto/la adulta | *adult* |
| el anciano/la anciana | *elderly man/woman* |
| el bebé | *baby* |
| el nombre | *name* |
| el nombre de pila | *first name* |
| el apellido | *surname* |
| el primer/segundo apellido | *first/second surname* (*it is usual in Spain to have both*) |
| el mote | *nickname* |
| la firma | *signature* |
| la edad | *age* |
| el cumpleaños | *birthday* |
| el mes | *month* |
| el año | *year* |
| la fecha | *date* |
| la fecha de nacimiento | *date of birth* |
| el lugar de nacimiento | *place of birth* |
| la nacionalidad | *nationality* |
| el país | *country* |
| el país de origen | *country of birth* |
| el domicilio | *place of residence* |
| la dirección, las señas | *address* |
| la calle | *street* |
| el código postal | *postcode* |
| la ciudad | *town/city* |
| el pueblo | *town/village* |
| el número de fax | *fax number* |
| el número de teléfono | *telephone number* |
| la dirección de correo electrónico | *e-mail address* |
| el sexo | *sex* |
| el estado civil | *marital status* |
| el soltero/la soltera | *unmarried man/woman* |
| el divorciado/la divorciada | *divorced man/woman* |
| el viudo/la viuda | *widower/widow* |

| el carnet de identidad | identity card |
| el pasaporte | passport |
| la vida | life |

| adoptado/adoptada | adopted |
| casado/casada | married |
| soltero/soltera | unmarried |
| divorciado/divorciada | divorced |
| separado/separada | separated |
| de | of/from |
| en | in |
| prometido/prometida | engaged |

| tener | to have |
| ser | to be |
| vivir | to live |
| vivir (en) | to live (in/at) |
| venir (de)/ser (de) | to come (from) |
| morir | to die |
| nacer | to be born |
| llamarse | to be called |
| casarse (con) | to get married (to) |

| yo me llamo Cristina | my name is Cristina |
| tengo veintitrés años | I'm twenty-three |
| vivo en Sevilla | I live in Seville |
| soy de Málaga | I come from Malaga |
| nací en Málaga | I was born in Malaga |

## Language in action

### Un carnet de identidad

NOMBRE: Carlos
PRIMER APELLIDO: Gil
SEGUNDO APELLIDO: Fuentes
LUGAR DE NACIMIENTO: Burgo de Osma PROVINCIA DE: Soria
FECHA DE NACIMIENTO: 20 de agosto de 1960
EDAD: 40 años
DIRECCIÓN: C/ Lesma, nº6, Madrid CÓDIGO POSTAL: 28039
PROVINCIA DE: Madrid
SEXO: Hombre
ESTADO CIVIL: Casado
NÚMERO DE CARNET DE IDENTIDAD: 166789
NÚMERO DE PASAPORTE: 166789
FIRMA:

# 2 People 2: family & friends

| | |
|---|---|
| la familia | family |
| la mujer | woman/wife |
| el marido | husband |
| el esposo/la esposa | husband/wife |
| la madre | mother |
| la mamá | mum, mummy, mom |
| el padre | father |
| el papá | dad, daddy |
| el hijo/la hija | son/daughter |
| el hermano/la hermana | brother/sister |
| el hermanastro | half-brother |
| la hermanastra | half-sister |
| el abuelo/la abuela | grandfather/grandmother |
| los abuelos | grandparents |
| el nieto/la nieta | grandson/granddaughter |
| los nietos | grandchildren |
| el tío/la tía | uncle/aunt |
| el sobrino/la sobrina | nephew/niece |
| el primo/la prima | cousin |
| el suegro/la suegra | father-in-law/mother-in-law |
| el yerno | son-in-law |
| la nuera | daughter-in-law |
| el cuñado/la cuñada | brother-in-law/sister-in-law |
| el novio/la novia | boyfriend/girlfriend |
| el vecino/la vecina | neighbour |
| el amigo/la amiga | friend |
| el compañero/ la compañera de trabajo | colleague |
| mayor | elder/eldest/elderly/bigger |
| menor | younger/youngest/smaller |
| pequeño/pequeña | little/small |
| joven | young |
| viejo/vieja | old |
| solo/sola | alone |
| con | with |
| por | by, for |
| sin | without |
| para | for |
| cerca de | near |
| al lado de | next |

| amar | to love |
| querer | to want/love |
| odiar | to hate, detest |
| besar | to kiss |
| abrazar | to hug |
| celebrar | to celebrate |
| preferir | to prefer |
| cuidar de | to look after |
| ver | to see |
| visitar | to visit |
| escribir | to write |
| mirar | to look (at) |
| | |
| llevarse bien (con) | to get on well (with) |
| salir con alguien | to go out with someone |
| ser amigo de | to be friends with |
| me/te gusta | I/you like, fancy |
| le gusta | he/she likes, fancies |
| ser hijo único/hija única | to be an only child |
| cumplir años | to celebrate one's birthday |
| cumplo años el 18 de mayo | my birthday is on the 18th of May |
| en el fondo | deep down |

## Language in action

- Mira, Ana, las fotos de la familia de mi hermana Ángela. Son de cuando los visité el mes pasado.
- ¡A ver! ¿Es ésta tu hermana? ¡Qué joven es!
- No, ésa es mi prima Ana. Mi hermana está aquí, al lado de mi madre. Y éste es su marido, mi cuñado, con sus padres.
- ¿Y quiénes son éstos?
- Mis hermanos Andrés y Carlos. Carlos es mayor que yo y Andrés es dos años menor.
- ¿Y esta señora mayor?
- Es la suegra de mi hermana. El bebé que lleva en brazos es el hijo de mi hermana. Ya tiene cuatro meses. Como mi hermana trabaja, los abuelos cuidan del niño.
- ¡Qué bonito es! ¿Es el único hijo de tu hermana?
- También tiene una niña de seis años que se llama Andrea. Está un poco celosa de su hermano pequeño, pero en el fondo lo quiere mucho.
- Los hermanos siempre se odian y se quieren a la vez.
- Yo me llevo muy bien con mi hermana, pero no tan bien con mis hermanos. Mira, en esta foto estamos celebrando el cumpleaños de Ángela. Ese día cumplía treinta y cinco años.
- ¡Cuánta gente!

# 3 People 3: appearance

| | |
|---|---|
| la cara | face |
| la piel | skin |
| el ojo | eye |
| las pestañas | eyelashes |
| la ceja | eyebrow |
| la nariz | nose |
| la boca | mouth |
| la oreja | ear |
| la mejilla | cheek |
| la cabeza | head |
| el bigote | moustache |
| la barba | beard |
| el pelo | hair |
| el cuello | neck |
| el brazo | arm |
| la mano | hand |
| el codo | elbow |
| el dedo | finger |
| la cadera | hip |
| la pierna | leg |
| la rodilla | knee |
| el pie | foot |
| el tobillo | ankle |
| la altura | height |
| la cintura | waist |
| las gafas | glasses |
| | |
| bello/bella | beautiful |
| bonito/bonita | pretty/nice |
| guapo/guapa | good-looking/pretty |
| feo/fea | ugly |
| mono/mona | pretty/cute |
| gordo/gorda | fat |
| delgado/delgada | thin, slim |
| fuerte | strong/well-built |
| | |
| bajo/baja | short |
| alto/alta | tall |
| grande | big |
| pequeño/pequeña | small |
| joven | young |
| viejo/vieja | old |
| rubio/rubia | blond |
| moreno/morena | suntanned, brown (of hair) |

| | |
|---|---|
| castaño/castaña | brown (of hair) |
| pelirrojo/pelirroja | red (of hair) |
| ondulado/ondulada | wavy |
| rizado/rizada | curly |
| liso/lisa | straight (of hair) |
| largo/larga | long |
| azul | blue |
| gris | grey |
| negro/negra | black |
| verde | green |
| marrón | brown |
| claro/clara | light |
| oscuro/oscura | dark |
| además | besides |
| | |
| admirar | to admire |
| conocer | to know, to meet |
| describir | to describe |
| parecer | to look like |
| pensar | to think |
| | |
| a mí me parece | I think |
| a mí me parece muy guapo/guapa | I think he's/she's really good-looking |
| a mí me parece muy bonito/bonita | I think it's very pretty |
| hablar de | to talk about |
| ser como | to be like |
| tan | so |
| más/menos...que | more/less...than |

## Language in action

**Hablando de chicos...**

- Ayer vi a Javier.
- ¿Quién es Javier?
- El hermano pequeño de Santi. ¿Lo conoces?
- No sé, descríbemelo.
- Es alto, con el pelo castaño y rizado.
- ¿Tiene barba?
- No, estás pensando en Rafa. Santi tiene gafas y los ojos verde claro. Además Santi es mucho más delgado que Rafa. Rafa es gordo.
- No es gordo, es fuerte. A mí me parece muy guapo.
- ¿Guapo? ¿Rafa? Tiene una nariz torcida muy fea. Y unas orejas más grandes que platos. Santi es mucho más guapo, tiene unos ojos preciosos y después de las vacaciones está muy moreno. Parece un modelo.
- Pues para ti. A mí no me gustan los chicos tan delgados.

| | |
|---|---|
| la amistad | friendship |
| el amor | love |
| la bondad | kindness |
| el encanto | charm |
| el entusiasmo | enthusiasm |
| la esperanza | hope |
| el orgullo | pride |
| el egoísmo | selfishness |
| la generosidad | generosity |
| la gentileza | kindness |
| la imaginación | imagination |
| la inteligencia | intelligence |
| el interés | interest |
| los celos | jealousy |
| la pereza | laziness |
| el sentido de humor | sense of humour |
| la preocupación | worry |
| | |
| agradable | pleasant |
| amable | kind, nice |
| encantador/encantadora | charming |
| majo/maja | nice, friendly |
| simpático/simpática | friendly |
| malo/mala | spiteful |
| egoísta | selfish |
| desagradable | unpleasant |
| divertido/divertida | funny |
| loco/loca | mad |
| raro/rara | odd |
| extraño/extraña | strange, odd |
| tranquilo/tranquila | calm |
| nervioso/nerviosa | nervous |
| feliz | happy |
| contento/contenta | pleased, happy |
| triste | sad |
| desgraciado/desgraciada | unhappy |
| decepcionado/ decepcionada | disappointed |
| serio/seria | serious |
| tímido/tímida | shy |
| despistado/despistada | absent-minded/miles away |
| dotado/dotada | gifted |
| listo/lista | intelligent |
| interesante | interesting |
| tonto/tonta | stupid |

| | |
|---|---|
| honesto/honesta | *honest* |
| hábil | *skilful* |
| torpe | *clumsy* |
| trabajador/trabajadora | *hardworking* |
| vago/vaga | *lazy* |
| perezoso/perezosa | *lazy* |
| descuidado/descuidada | *careless* |
| educado/educada | *polite* |
| maleducado/ maleducada | *rude, impolite* |
| obediente | *obedient* |
| desobediente | *disobedient* |
| deportista | *sporty* |
| activo/activa | *active* |
| furioso/furiosa | *furious* |
| mimado/mimada | *spoiled* |
| preocupado/preocupada | *worried* |
| insoportable | *unbearable* |
| pobre | *poor* |
| rico/rica | *rich* |
| cabezota | *stubborn* |
| enamorado/enamorada | *in love* |
| celoso/celosa | *jealous* |
| deprimir | *to depress* |
| deprimirse | *to get depressed* |
| aburrirse | *to get bored* |
| enfadarse | *to get angry, get upset* |
| esperar | *to hope* |
| poder | *to be able* |
| saber | *to know* |
| querer | *to want, wish* |
| sentir(se) | *to feel* |
| parecer | *to look, seem* |
| pareces cansado/ cansada | *you look tired* |
| tener mal carácter | *to be bad-tempered* |
| tener miedo (de) | *to be afraid (of)* |
| estar de buen/mal humor | *to be in a good/bad mood* |
| estar enfadado/enfadada | *to be angry* |
| portarse bien/mal | *to behave well/badly* |
| saber hacer | *to know how to do* |
| estar preocupado (por) | *to be worried (about)* |
| tener confianza en sí mismo | *to be self-confident* |
| ¡genial!, ¡fenomenal! | *great!, fantastic!* |

| | |
|---|---|
| hola | hello |
| ¿diga?, ¿dígame? | hello (answering telephone) |
| buenos días | good morning |
| buenas tardes | good afternoon/evening |
| buenas noches | good evening/goodnight |
| ¡adiós! | goodbye! |
| hasta mañana | see you/speak to you tomorrow |
| hasta luego | see you/speak to you later |
| hasta la vista | see you |
| hasta dentro de un rato | see you/speak to you in a minute |
| ¿cómo estás? | how are you? |
| ¿qué tal? | how are things? |
| ¿qué tal estás? | how are you? |
| ¿qué tal te van las cosas? | how are things with you? |
| bien, gracias | fine thanks |
| ¡que te diviertas! | have a nice day!, enjoy yourself! |
| ¡buena suerte! | good luck! |
| vale/de acuerdo | OK |
| ¿conoces a...? | have you met...? |
| te presento a... | let me introduce you to... |
| encantado, encantado (de conocerle) | pleased to meet you |
| mucho gusto en conocerle | pleased to meet you |
| haber quedado (con) | to have arranged to meet |
| por favor | please |
| gracias | thank you |
| de nada | you're welcome |
| perdone, perdón | excuse me |
| ¡perdón! | sorry! |
| lo siento | I'm sorry |
| no pasa nada | it's all right |
| no importa | it doesn't matter |
| no te preocupes | don't worry |
| estoy de acuerdo | I agree |
| me da lo mismo | I don't mind |
| creo que sí | I think so |
| creo que no | I don't think so |
| me extrañaría | I'd be surprised |

| | |
|---|---|
| es muy amable (de tu parte) | *that's really nice (of you)* |
| estar de acuerdo (con) | *to agree (with)* |
| hacer una pregunta | *to ask a question* |
| dar un beso | *to kiss* |
| encontrarse con | *to meet* (by chance) |
| verse | *to see each other/meet* |
| charlar | *to chat* |
| hablar de | *to talk about* |
| preguntar | *to ask* |
| contestar | *to answer* |
| discutir | *to discuss/argue* |
| disculparse | *to apologize* |
| divertirse | *to enjoy oneself* |
| invitar | *to invite* |
| cambiar (de) | *to change* |
| poder | *to be able (to)* |
| no puedo | *I can't* |

## Language in action

L: ¡Hola Nuria! ¡Qué sorpresa! ¿Qué haces por aquí?

N: ¡Hola Lola! Dame un beso. Cuánto tiempo sin verte.

L: Hace por lo menos tres meses. ¿Qué tal te van las cosas?

N: Bastante bien, con mucho trabajo. Y tú, ¿cómo estás?

L: Muy bien, aunque mi vida ha cambiado mucho. He cambiado de trabajo y ya no salgo con Juan.

N: Vaya, mujer, lo siento.

L: No te preocupes, es mejor así. Siempre estábamos discutiendo. Nunca estábamos de acuerdo en nada. Es mucho mejor así.

N: Estoy de acuerdo contigo. ¿Tienes tiempo para tomar un café y charlamos?

L: No, lo siento, he quedado con una amiga para ir al cine. Pero podemos vernos otro día.

N: Sí, buena idea. ¿Puedes mañana?

L: Mañana no puedo, lo siento.

N: No pasa nada. Y el jueves, ¿estás libre?

L: Creo que sí. ¿Prefieres por la mañana o por la tarde?

N: Me da lo mismo. Te llamo luego y lo hablamos.

L: Mira, ahí viene mi amiga. Nuria, te presento a Sacha.

N: Perdona, ¿como dice Lola que te llamas?

S: Sacha, soy Italiana.

N: Encantada de conocerte. Es un nombre muy bonito.

S: Gracias, y mucho gusto en conocerte.

L: Ahora tenemos que irnos, pero hablamos luego.

N: Vale. Hasta luego. Y que os divirtáis en el cine.

L & S: Gracias. ¡Adiós!

| | |
|---|---|
| la casa | house |
| la casa de campo | country house |
| la casa de labranza | farmhouse |
| el piso | flat, apartment |
| el estudio | studio flat/study |
| el bloque de pisos | block of flats/apartments |
| el piso, la planta | floor, storey |
| el sótano | basement/cellar |
| la pared | wall |
| el tejado | roof |
| la ventana | window |
| la cristalera | French windows |
| el postigo | shutter |
| el balcón | balcony |
| la terraza | terrace |
| el patio | patio/courtyard |
| el jardín | garden |
| el ascensor | lift, elevator |
| la puerta (principal) | (front) door |
| la entrada | entrance, hall |
| el vestíbulo, el hall | hall |
| el pasillo | corridor, hallway |
| la escalera | stairs, staircase |
| el descansillo | landing |
| la habitación | room/bedroom |
| el salón | living room, lounge |
| el comedor | dining room |
| el cuarto de los juguetes | playroom |
| la cocina (amueblada) | (fitted) kitchen |
| el cuarto de la plancha | utility room |
| la habitación de los invitados | guest room |
| los servicios | toilet |
| el cuarto de baño | bathroom |
| el ático | loft, attic |
| el suelo | floor |
| el techo | ceiling |
| la calefacción central | central heating |
| la electricidad | electricity |
| el gas | gas |
| el contador | meter |
| el enchufe | plug/socket |
| el interruptor | switch |

| | |
|---|---|
| la bombilla | *light bulb* |
| el buzón | *postbox/letterbox, mailbox* |
| la llave | *key* |
| | |
| grande | *big* |
| pequeño/pequeña | *small* |
| diminuto/diminuta | *tiny* |
| moderno/moderna | *modern* |
| nuevo/nueva | *new* |
| viejo/vieja | *old* |
| soleado/soleada | *sunny* |
| oscuro/oscura | *dark* |
| amueblado/amueblada | *furnished* |
| bastante | *quite* |
| completamente | *completely* |
| | |
| alquilar | *to rent/let* |
| comprar | *to buy* |
| entrar | *to go/come in* |
| bajar | *to go/come down* |
| subir | *to go/come up* |
| dar a | *to overlook/open onto* |
| ir/venir a casa | *to go/come home* |
| | |
| en total | *in total, altogether* |
| en el exterior/interior | *outside/inside* |
| en la planta de abajo/de arriba | *downstairs/upstairs* |
| con mucha luz | *light* |
| que da al sur/al norte | *south/north-facing* |
| tener buenas/malas noticias | *to have good/bad news* |

## Language in action

Querida Mercedes:
Tengo buenas noticias: ¡por fin hemos encontrado la casa de nuestros sueños! Es bastante grande. Tiene siete habitaciones en total, y además un cuarto trastero. Tiene un salón grande y un comedor con una cristalera que da a un balcón muy soleado. La cocina es bastante grande y con mucha luz. Es una cocina con muebles empotrados y tiene un suelo de baldosas muy bonito. De la entrada sale un pasillo largo. Hay una habitación grande para nosotros y hay otras tres habitaciones, una para Pablo, otra para Victoria y la tercera será la habitación de los invitados. Y el cuarto de baño, por supuesto. Te invitaremos a que vengas a quedarte unos días en primavera.
Con mucho cariño
Cristina

| los muebles | furniture |
| el papel pintado | wallpaper |
| la moqueta | (fitted) carpet |
| la alfombra | rug |
| la silla | chair |
| la butaca | armchair |
| el sofá | sofa, couch |
| el taburete | stool |
| la mesa (de centro) | (coffee) table |
| la mesa de despacho | desk |
| la librería | bookcase |
| los estantes | shelves |
| el piano | piano |
| la chimenea | fireplace |
| el radiador | radiator |
| la repisa de la ventana | window sill |
| el cojín | cushion |
| la cortina | curtain, drape |
| la tela | fabric |
| el color | colour |
| la lámpara | lamp |
| la pantalla | lampshade |
| el cuadro | picture/painting |
| la pintura | painting/paint |
| el espejo | mirror |
| el reloj | clock |
| la planta | plant |
| las flores | flowers |
| el florero | vase |
| el adorno | ornament |
| el cenicero | ashtray |
| la televisión | television |
| el equipo de alta fidelidad | hi-fi, stereo |
| la televisión | television |
| el compacto | CD player |
| el disco compacto | compact disk |
| el teléfono | telephone |
| el contestador automático | answering machine |
| | |
| acogedor/acogedora | welcoming, cosy |
| bonito/bonita | pretty |
| precioso/preciosa | lovely, beautiful |
| agradable | nice, agreeable |
| cómodo/cómoda | comfortable |

| | |
|---|---|
| contento/contenta | *happy, pleased* |
| cerca de | *near* |
| al lado de | *next to* |
| delante de | *in front of* |
| detrás de | *behind* |
| últimamente | *recently* |
| relajarse | *to relax* |
| sentarse | *to sit down* |
| levantarse | *to stand up* |
| cambiar | *to change* |
| pintar | *to paint* |
| empapelar | *to wallpaper* |
| comprar | *to buy* |
| hacer | *to make/do* |
| poner | *to put* |
| contra la pared | *against the wall* |
| en el rincón | *in the corner* |
| acabar de hacer | *to have just done* |
| me parece que... | *I think that...* |
| ¡Qué agradable y acogedor es esto! | *how cosy it is in here!* |
| ¿Te parece? | *do you think so?* |
| una buena elección | *a good choice* |
| hacer algunos cambios | *to make a few changes* |
| ir a juego con | *to go with* |
| bien combinado | *well coordinated* |
| os ha quedado precioso. | *you've done a beautiful job.* |
| siéntate | *sit down* |

## Language in action

- ¡Qué agradable y acogedor es esto!
- ¿Te parece? La verdad es que últimamente hemos hecho muchos cambios. Hemos pintado las paredes. Antes teníamos papel pintado.
- Creo que has hecho una buena elección. Y este sofá es nuevo, ¿no?
- Sí, acabamos de comprarlo, pero los cojines los he hecho yo. Van a juego con las cortinas. Y la alfombra la compramos en Turquía estas vacaciones. Aquí, en el rincón, vamos a poner una lámpara de pie.
- Me gusta mucho todo. Los colores están muy bien combinados. Os ha quedado una habitación preciosa.
- Siéntate en esta butaca, cerca de la ventana. Verás qué cómoda es.

| la mesa | table |
|---|---|
| la silla | chair |
| el aparador | sideboard, buffet |
| el desayuno | breakfast |
| la comida | lunch/meal |
| la cena | dinner, supper |
| el mantel | tablecloth |
| la servilleta | napkin |
| la cubertería, los cubiertos | cutlery |
| el cuchillo | knife |
| el tenedor | fork |
| la cuchara | spoon |
| la cucharilla, la cucharita | teaspoon |
| el plato | plate/dish |
| el plato sopero/hondo | soup plate |
| el plato llano | dinner plate |
| el bol | bowl |
| la ensaladera | salad bowl |
| el frutero | fruit bowl |
| el azucarero | sugar bowl |
| la taza | cup |
| la taza de café | coffee cup |
| el platillo, el platito | saucer |
| la tetera | teapot |
| la cafetera | coffee pot |
| el vaso | glass |
| la sal | salt |
| la pimienta | pepper |
| la mostaza | mustard |
| el salvamanteles | mat (for hot dish) |
| la jarra | jug |
| la botella | bottle |
| la vela | candle |
| el candelabro | candlestick |
| la bandeja | tray |
| | |
| rápidamente | quickly |
| despacio | slowly |
| | |
| comer | to eat/have lunch |
| beber | to drink |
| desayunar | to have breakfast |
| cenar | to have dinner/supper |
| servir | to serve |

| | |
|---|---|
| hacer | to do/make |
| llevar | to take |
| traer | to bring |
| poner | to put |
| pinchar | to prick |
| disfrutar | to enjoy |
| empezar | to start |
| terminar | to finish |
| | |
| acabar de hacer | to have just done |
| antes de hacer | before doing |
| después de hacer | after doing |
| empezar a hacer | to start doing/to do |
| terminar de hacer | to finish doing |
| estar haciendo | to be doing |
| poner la mesa | to set the table |
| preparar la comida | to prepare the meal |
| recoger la mesa | to clear the table |
| sentarse a la mesa | to sit down at the table |
| servirse algo | to help yourself to something |
| ¡sírvete! | help yourself! |
| ¡servíos verdura! | help yourselves to vegetables! |
| me gusta | I like (it) |
| me gustan | I like (them) |
| ¿te gusta(n)...? | do you like...? |
| ¿me pasas...? | could you pass me...? |
| ¡Que aproveche! | enjoy your meal! |

## Language in action

- ¡Niños a comer! Venga, sentaos todos a la mesa. Que aproveche.
- ¿Quién ha puesto la mesa? Aquí faltan los cuchillos.
- La ha puesto Ana, como siempre.
- Ana, vete a por los cuchillos y trae el frutero que está en el aparador. Carlos, bebe despacio, que te vas a atragantar. Y tú Laura, acerca la silla a la mesa.
- Mamá, Carlos me está pinchando con el tenedor.
- Carlos, ¿qué estás haciendo? Venga, empieza a comer.
- ¿Me das un trozo de pan, mamá?
- No comas tanto pan y acaba de comerte la sopa. Y vosotros, Ana y Laura, servíos más. Carlos, pásame la sal, por favor.
- Toma mamá. ¿Qué hay después de la sopa?
- Carne con patatas.
- No me gusta la carne.
- Pues lo siento, tendrás que comértela. Esto no es un restaurante.

| | |
|---|---|
| la cocina (amueblada) | *(fitted) kitchen* |
| la cocina de muebles empotrados | *fitted kitchen* |
| la cocina (eléctrica/de gas) | *(electric/gas) cooker* |
| el horno | *oven* |
| el tostador | *toaster* |
| el microondas | *microwave (oven)* |
| la cafetera eléctrica | *coffee machine* |
| la nevera | *fridge* |
| el congelador | *freezer* |
| el calentador | *boiler/heater* |
| la campana | *extractor hood* |
| el fregadero | *sink* |
| el grifo | *tap, faucet* |
| la mesa de la cocina | *kitchen table* |
| la encimera | *work surface* |
| el armario | *cupboard, closet* |
| el mueble | *piece of furniture, unit* |
| el cajón | *drawer* |
| el estante | *shelf* |
| el escurreplatos | *plate-rack* |
| el cubo de la basura | *rubbish bin, garbage can* |
| la tabla de cortar | *chopping board* |
| el cazo | *saucepan* |
| la tapa | *lid* |
| la sartén | *frying pan* |
| la olla exprés | *pressure cooker* |
| el cuenco | *bowl* |
| el cuchillo | *knife* |
| la cuchara | *spoon* |
| las tijeras | *scissors* |
| el sacacorchos *(inv)* | *corkscrew* |
| el abrelatas *(inv)* | *can opener* |
| la batidora | *blender* |
| el colador | *sieve, colander* |
| el papel de plata/de estaño | *kitchen foil* |
| el bote | *storage jar* |
| la botella | *bottle* |
| la lata | *can* |
| el paquete | *packet* |
| el papel de cocina | *kitchen towel* |
| el delantal | *apron* |
| el trapo de secar | *tea towel* |

| | |
|---|---|
| en | *on/in* |
| sobre | *on/above/over* |
| bajo/debajo de | *under* |
| encima de | *over* |
| con | *with* |
| sin | *without* |
| excepto | *except* |
| alguien | *somebody* |
| algo | *something* |
| por ejemplo | *for example* |
| | |
| cocinar | *to cook, do the cooking* |
| lavar | *to wash* |
| limpiar | *to clean* |
| | |
| cada día | *every day* |
| cada semana | *every week* |
| una vez al mes | *once a month* |
| de vez en cuando | *occasionally* |
| a veces | *sometimes* |
| en algún sitio | *somewhere* |
| hacer la comida | *to make the meal* |
| hacer la compra | *to do the shopping* |
| hacer las tareas de la casa | *to do the housework* |
| lavar los platos | *to do the washing-up* |
| abrir/cerrar el grifo | *to turn on/off the tap* |
| sacar la basura | *to take out the bin* |
| cómodo/cómoda | *convenient* |
| práctico/práctica | *practical, handy, convenient* |
| útil | *useful* |
| ordenado/ordenada | *tidy* |

## Language in action

**¡Una cocina nueva por sólo 550 euros!**
Cocina de muebles empotrados con puertas de pino y encimera con acabado de mármol verde.
 Contiene:
*Mueble alto para escobas, aspirador, tabla de la plancha...
*Mueble sobre campana extractora.
*Mueble con fregadero. Fregadero simple de acero inoxidable. Grifo de un mando color cromo.
*Mueble con escurreplatos. Amplio espacio para cacerolas y sartenes.
*Mueble bajo con cajones de 40 cms de ancho.
*Mueble sobre frigorífico o frigorífico/congelador.
*Mueble para horno.

# 10 Home 5: housework

| | |
|---|---|
| la limpieza general | spring cleaning |
| la tarea | job, task |
| las tareas de la casa | housework |
| la mujer de la limpieza | cleaning lady |
| el aspirador/ la aspiradora (M/F) | vacuum cleaner |
| la escoba | (sweeping) brush |
| el recogedor | dustpan |
| el cubo | bucket |
| el barreño | washing-up bowl |
| la bayeta | cloth |
| la esponja | sponge |
| el guante de goma | rubber glove |
| el lavavajillas | washing-up liquid/ dishwasher |
| los productos de limpieza | cleaning products |
| el limpiacristales | window cleaner (product) |
| la lejía | bleach |
| el polvo | dust |
| el trapo del polvo | duster |
| el spray | aerosol, spray can |
| la cera | (wax) polish |
| el cubo de la basura | dustbin, garbage can |
| la bolsa de la basura | bin liner |
| el lavaplatos | dishwasher |
| la lavadora | washing machine |
| el jabón líquido/en polvo | washing liquid/powder |
| el detergente | washing powder |
| el suavizante | fabric softener |
| la secadora | tumble dryer |
| el cesto de la ropa | linen basket |
| la cuerda para tender | washing line |
| la pinza de la ropa | clothes peg |
| la plancha | iron/ironing |
| la tabla de planchar | ironing board |
| la máquina | machine |
| la máquina de coser | sewing machine |
| la grasa | grease |
| la suciedad | dirt |
| el cristal | window(pane) |
| la baldosa | floor tile |
| el suelo | floor |

| | |
|---|---|
| difícil | *difficult, hard* |
| fácil | *easy* |
| mojado/mojada | *wet* |
| seco/seca | *dry* |
| limpio/limpia | *clean* |
| sucio/sucia | *dirty* |
| grasiento/grasienta | *greasy* |
| desordenado/ desordenada | *messy, untidy* |
| a conciencia | *thoroughly* |
| ensuciarse | *to get dirty* |
| limpiar | *to clean* |
| ordenar | *to tidy up* |
| barrer | *to sweep* |
| fregar | *to wash* |
| frotar | *to rub* |
| mojar | *to wet* |
| secar | *to dry* |
| llenar | *to fill* |
| vaciar | *to empty* |
| planchar | *to iron, to do the ironing* |
| hacer la limpieza | *to do the cleaning* |
| hacer la colada | *to do the washing* |
| fregar los platos | *to wash up* |
| tender la ropa | *to hang out the washing* |
| limpiar los cristales | *to clean the windows* |
| pasar el aspirador | *to vacuum* |
| limpiar el polvo | *to dust* |
| poner cera a | *to polish* |

## Language in action

### Notas para la limpieza general

**Lunes**
Pasar el aspirador y limpiar el polvo a conciencia.
Limpiar la cocina y fregar el suelo (la cocina está muy grasienta).

**Martes**
Limpiar el baño.
Hacer las camas con sábanas limpias y lavar la ropa.

**Miércoles**
Limpiar los cristales y poner cera a los muebles.
Planchar la ropa.

| | |
|---|---|
| la cuchara (de madera) | *(wooden) spoon* |
| la cuchara de sopa | *tablespoon* |
| la cucharada | *spoonful* |
| la cucharadita | *teaspoonful* |
| el ingrediente | *ingredient* |
| la especia | *spice* |
| las hierbas aromáticas | *herbs* |
| el diente de ajo | *clove of garlic* |
| la mezcla | *mixture* |
| la masa | *dough* |
| la pasta | *paste* |
| la salsa | *sauce* |
| el trozo | *piece* |
| la loncha | *slice* (of ham, cheese) |
| la rebanada | *slice* (of bread) |
| la piel | *skin, peel* |

| | |
|---|---|
| caliente | *hot* |
| frío/fría | *cold* |
| templado/templada | *(luke)warm* |
| congelado/congelada | *frozen* |
| espeso/espesa | *thick* |
| claro/clara | *thin* (sauces, etc.) |
| fino/fina | *fine, thin* |
| finamente | *finely* |
| fresco/fresca | *fresh* |
| picado/picada | *minced* |
| liso/lisa | *smooth* |
| listo/lista | *ready* |
| rápidamente | *quickly* |
| lentamente | *slowly* |
| cuidadosamente | *gently* |

| | |
|---|---|
| encender | *to light, turn on* |
| apagar | *to turn off* |
| cocinar | *to cook, do the cooking* |
| calentar | *to heat* |
| enfriar | *to cool* |
| hervir | *to boil* |
| cocer | *to boil, poach* |
| quemar | *to burn* |
| dorar | *to brown* |
| freír | *to fry* |
| sofreír | *to sauté/fry lightly* |
| hacer al grill | *to grill, broil* |

| | |
|---|---|
| asar | to roast |
| descongelar | to defrost, thaw (food) |
| revolver | to stir |
| batir | to beat |
| mezclar | to mix |
| añadir | to add |
| sazonar | to season |
| pelar | to peel |
| cortar | to cut |
| picar | to mince/chop finely |
| servir | to serve |
| llenar | to fill |
| vaciar | to empty |
| quitar | to remove |
| sacar | to take out |
| | |
| a fuego vivo/lento | on a high/low heat |
| subir/bajar el fuego | to turn up/lower the heat |
| a fuego medio | on a medium heat |
| terminar de hacer | to finish doing |
| cortar en trozos | to chop |
| cortado/cortada a rojadas | sliced |
| en conserva | canned |
| batir nata/claras a punto de nieve | to whip cream/egg whites |
| hervir a fuego lento | to simmer |

## Language in action

¡Mi marido Paco me saca de quicio! Ayer llegó del trabajo y dijo: hoy cocino yo. Voy a hacer ensalada de arroz y piña y tortilla francesa. "¡Qué bien!" dije yo, "Yo te ayudo". Paco va a la cocina y saca la piña de la nevera. Mientras yo lleno la cacerola con agua, añado sal y enciendo el fuego. Paco empieza a pelar la piña poco a poco. Cuando el agua empieza a hervir, pongo el arroz y lo remuevo un poco. Paco sigue pelando la piña. Entonces cojo unos huevos y los bato. Añado sal. Paco mientras ha empezado a cortar la piña a rodajas. Yo enciendo el fuego. Cojo una sartén, pongo aceite y la pongo al fuego. Miro a Paco: ha empezado a cortar las rodajas en trozos. Cuando el aceite está caliente echo el huevo en la sartén. Paco sigue cortando la piña en trozos. La tortilla ya está hecha, así es que la saco de la sartén y la pongo en un plato. Luego quito el arroz del fuego, lo escurro, lo pongo en una ensaladera y añado mahonesa. Yo he terminado de hacer todo y Paco que sigue cortando la piña. Le chillo: "¡¡¡Termina de una vez de cortar la piña!!!". Paco me mira y dice: "Nunca más te hago la cena". Y sale de la cocina muy digno.

|  |  |
|---------|---------|
| el dormitorio | bedroom |
| la cama | bed |
| el armario | cupboard, wardrobe, closet |
| la lámpara | lamp |
| el despertador | alarm clock |
| el edredón | quilt, duvet, comforter |
| el edredón nórdico | duvet |
| la funda de edredón | duvet cover |
| la manta | blanket |
| la sábana | sheet |
| la almohada | pillow |
| la colcha | bedspread |
| el cuarto de baño | bathroom |
| la bañera | bath(tub) |
| la ducha | shower |
| el lavabo | handbasin |
| el baño | toilet |
| el grifo | tap |
| el agua fría/caliente (F) | cold/hot water |
| la esponja | sponge |
| el jabón | soap |
| la toalla (de baño) | (bath) towel |
| la alfombra de baño | bathmat |
| el espejo | mirror |
| el peine | comb |
| el cepillo | brush |
| el cepillo de dientes | toothbrush |
| el cepillo de las uñas | nailbrush |
| las tijeras | scissors |
| la cuchilla de afeitar | razor |
| la maquinilla de afeitar | electric razor |
| el secador | hairdrier |
| el papel higiénico | toilet paper |
| el gel de baño/ducha | bath/shower gel |
| el champú | shampoo |
| la crema | cream |
| la espuma de afeitar | shaving foam |
| la crema hidratante | moisturizer |
| la pasta de dientes/el dentífrico | toothpaste |
| el desodorante | deodorant |
| el maquillaje | make-up |

| | |
|---|---|
| pronto | *early* |
| tarde | *late* |
| profundamente | *deeply, soundly* |
| solo/sola | *on one's own, by oneself* |
| bostezar | *to yawn* |
| dormir | *to sleep* |
| dormirse | *to fall asleep* |
| soñar | *to dream* |
| tumbarse | *to lie down* |
| despertarse | *to wake up* |
| levantarse | *to get up* |
| desvestirse | *to get undressed* |
| vestirse | *to get dressed* |
| lavarse | *to wash (oneself)* |
| bañarse | *to have a bath* |
| ducharse | *to have a shower* |
| maquillarse | *to put on one's make-up* |
| afeitarse | *to shave* |
| quitarse el maquillaje | *to remove one's make-up* |
| lavarse la cabeza | *to wash one's hair* |
| lavarse los dientes | *to clean one's teeth* |
| tener sueño | *to be sleepy* |
| irse a la cama | *to go to bed* |
| ¡buenas noches! | *good evening/goodnight!* |
| ¡que duermas bien! | *sleep well!* |
| olvidarse de hacer algo | *to forget to do something* |

## Language in action

- Hola, María, ¡Qué suerte que hayas podido venir a cuidar a Pablo esta noche!
- No es ningún problema. Esta noche no tenía nada que hacer.
- Te voy a explicar un poco la rutina. Ahora está jugando, pero dentro de una hora puedes bañarlo. No hace falta que le laves la cabeza, pero tienes que usar este gel de baño especial porque tiene la piel delicada.
- ¿Este frasco verde? De acuerdo.
- Tendrás que ayudarlo a desvestirse porque aún no sabe hacerlo solo. Aquí está su pijama. He dejado tu cena y la del niño preparadas. Después de cenar puede jugar un poco, pero a las nueve tiene que irse a la cama. Y que no se le olvide lavarse los dientes antes de acostarse. Puedes leerle un cuento antes de que se duerma, pero a las nueve y cuarto le das las buenas noches y apagas la luz.
- De acuerdo.

| | |
|---|---|
| la casa de campo | holiday cottage |
| el jardín | garden, yard |
| el huerto | vegetable garden |
| el fertilizante | fertilizer |
| la hierba | grass |
| el césped | lawn |
| el árbol | tree |
| el árbol frutal | fruit tree |
| el arbusto | shrub |
| la rama | branch |
| la hoja | leaf |
| la flor | flower |
| la mala hierba | weed |
| la planta | plant |
| el macizo de flores | flowerbed |
| el seto | hedge |
| la cerca | fence |
| la herramienta | tool |
| la pala | spade |
| el rastrillo | rake |
| la regadera | watering can |
| el cortacésped | lawnmower |
| la carretilla | wheelbarrow |
| el invernadero | greenhouse |
| el garaje | garage |
| la gravilla | gravel |
| el animal de compañía | pet |
| el pájaro | bird |
| el loro | parrot |
| el periquito | budgie |
| el gato/la gata | cat |
| el gatito/la gatita | kitten |
| el perro/la perra | dog |
| el cachorro/la cachorra | puppy |
| el pez | goldfish |
| la tortuga | tortoise |
| el conejo/la coneja | rabbit |
| el conejillo de Indias | guinea pig |
| el hámster | hamster |
| el ratón | mouse |
| el caballo | horse |
| la mosca | fly |
| la abeja | bee |

| la avispa | wasp |
| el mosquito | mosquito |
| llano/llana | flat |
| salvaje | wild |
| bien cuidado/bien cuidada | well looked after |
| maduro/madura | ripe |
| verde | not ripe |
| cavar | to dig |
| plantar | to plant |
| regar | to water |
| cortar | to cut |
| coger | to pick |
| jugar | to play |
| arreglar | to clean, tidy/fix |
| crecer | to grow |
| cultivar | to grow |
| cultivar tomates | to grow tomatoes |
| recoger | to pick/gather |
| podar | to prune |
| quitar las malas hierbas | to weed |
| regar las plantas | to water the plants |
| dar de comer a | to feed |
| sacar a pasear al perro | to take the dog for a walk |
| hacer un favor a alguien | to do someone a favour |

## Language in action

- ¿Dígame?
- Hola, Sara. Soy Ángeles. Te llamo para preguntarte si puedes cuidar de mi gato este fin de semana.
- ¿Este fin de semana? No sé si puedo.
- Venga mujer, hazme ese favor. Yo te regué las plantas cuando te fuiste de vacaciones. Solo tienes que venir a darle de comer una vez al día.
- ¿No tengo que sacarlo a pasear ni nada?
- ¡Claro que no, idiota, es un gato, no un perro!
- Bueno, vale, haré un esfuerzo. ¿Dónde te vas?
- Juan me ha invitado a pasar el fin de semana con él en la casa de campo de sus padres. Creo que es preciosa. Tiene jardín y una piscina y árboles frutales y todo. Voy a pasar el fin de semana descansando, tomando el sol y comiendo fruta madura. ¿No te da envidia?
- No, no me da nada de envidia. Seguro que pasarás todo el fin de semana con una pala en la mano, quitando las malas hierbas y podando árboles.

| | |
|---|---|
| la fiesta | *party* |
| la invitación | *invitation* |
| el anfitrión/la anfitriona | *host* |
| el invitado/la invitada | *guest* |
| la música | *music* |
| el grupo | *group, band* |
| el vaso | *glass* |
| el vaso de plastico | *plastic cup* |
| la servilleta (de papel) | *(paper) napkin* |
| el mantel (de papel) | *paper tablecloth* |
| la bebida | *drink* |
| el refresco | *soft drink* |
| la coca cola | *coca cola* |
| la naranjada | *orange drink* |
| el zumo de fruta | *fruit juice* |
| el alcohol | *alcohol* |
| la cerveza | *beer* |
| el vino tinto/blanco | *red/white wine* |
| el champán | *champagne* |
| el cava | *cava (sparkling wine)* |
| la comida | *meal* |
| las patatas fritas | *crisps, chips* |
| las cosas de picar | *nibbles* |
| el pastel | *cake* |
| el cumpleaños | *birthday* |
| el aniversario de boda | *wedding anniversary* |
| el santo | *name day* |
| el día de la madre | *Mother's Day* |
| el día del padre | *Father's Day* |
| las Navidades | *Christmas period* |
| la Nochebuena | *Christmas Eve* |
| el día de Navidad | *Christmas Day* |
| la Nochevieja | *New Year's Eve* |
| el día de Año Nuevo | *New Year's Day* |
| el día de Reyes | *Epiphany* |
| el día de los enamorados | *St Valentine's Day* |
| el carnaval | *carnival* |
| la Semana Santa | *Holy Week (Easter)* |
| el viernes Santo | *Good Friday* |
| | |
| divertido/divertida | *fun* |
| genial, fenomenal | *great, terrific* |
| raro/rara | *strange* |

| | |
|---|---|
| ruidoso/ruidosa | *noisy* |
| invitar | *to invite* |
| telefonear | *to telephone* |
| organizar | *to organize* |
| celebrar | *to celebrate* |
| responder | *to reply* |
| recibir | *to welcome, receive* |
| divertirse | *to enjoy oneself* |
| reír | *to laugh* |
| sonreír | *to smile* |
| bailar | *to dance* |
| cantar | *to sing* |
| escuchar | *to listen (to)* |
| dar regalos | *to give presents* |
| una fiesta de disfraces | *a fancy-dress party* |
| disfrazado de | *dressed-up as* |
| me encantaría | *I'd love to* |
| no voy a poder ir | *I won't be able to come* |
| beber a la salud de alguien | *to drink to someone's health* |
| ¿qué quieres beber? | *what would you like to drink?* |
| pasarlo bien/fenomenal | *to have a good/great time* |
| o mejor... | *better...* |

## Language in action

Hola chicos. He repartido las tareas para nuestra fiesta de disfraces:

Carlos:
- Mandar las invitaciones (diciendo que es una fiesta de disfraces y que hay que venir disfrazado de romanos). Pedirles que respondan a la invitación.
- Seleccionar la música para bailar. Nada de música rara.
- Telefonear a los vecinos y avisarlos de que será una fiesta ruidosa. ¡O mejor que vengan a la fiesta si quieren divertirse!

Felix: (como tienes coche te toca hacer la compra)
- Comprar los vasos y los platos de papel. ¡También servilletas!
- Comprar la bebida. Muy importante: no compres sólo cerveza. También vino y mucho cava. Y algún refresco. Hay gente que no quiere beber alcohol.
- Comprar las cosas de comer: pan, jamón, patatas fritas..., esas cosas.

Me encantaría ayudaros con esto pero tengo trabajo. Yo me encargo de hacer los sándwiches el día de la fiesta. ¡Ah! Y Lucía ha dicho que lo siente mucho, pero que no puede venir (¡mala suerte Carlos!). ¡Vamos a pasarlo fenomenal!

# 15 Time expressions

| | |
|---|---|
| el tiempo | time |
| el año | year |
| el mes | month |
| la semana | week |
| la fecha | date |
| el día | day |
| la mañana | morning |
| la tarde | afternoon/evening |
| la noche | night |
| la madrugada | early hours of the morning |
| el mediodía | midday |
| la medianoche | midnight |
| hoy | today |
| mañana | tomorrow |
| ayer | yesterday |
| la víspera (de) | the day/evening before |
| la media hora | half hour, half an hour |
| el cuarto de hora | quarter of an hour |
| la hora | hour/time |
| el minuto | minute |
| el segundo | second |
| el reloj | clock |
| el reloj de pulsera | watch |
| la manecilla | hand (on clock, watch) |
| la esfera | face (of clock, watch) |
| el despertador | alarm clock |
| | |
| ya | already |
| aún | still/yet/even |
| todavía | still/yet/even |
| después | after |
| antes | before |
| desde | since |
| durante | during |
| mientras | while/in the meantime |
| casi | almost |
| último/última | last |
| próximo/próxima | next |
| ¿cuánto? | how much? |
| ¿cuántos/cuántas? | how many? |
| ¿cuándo?/cuando | when?/when |
| siguiente | following |
| pronto | early/soon |
| tarde | late |

36

| | |
|---|---|
| antes de ayer | *the day before yesterday* |
| pasado mañana | *the day after tomorrow* |
| el día después (de) | *the day after* |
| el fin de semana | *the weekend* |
| ¿desde cuándo? | *since when?* |
| ¿desde cuándo vives aquí? | *how long have you been living here?* |
| desde hace cinco años | *for five years* |
| lo conozco desde hace tres años | *I've known him for three years* |
| hace cinco años | *five years ago* |
| justo antes/después | *just before/after* |
| la víspera/el día después del partido | *the day before/after the match* |
| | |
| el año que viene/el año pasado | *next/last year* |
| la semana que viene/la semana pasada | *next/last week* |
| el próximo año | *next year* |
| la próxima semana | *next week* |
| | |
| ¿qué hora es? | *what time is it?* |
| son las diez | *it's ten o'clock* |
| es la una | *it's one o'clock* |
| son las diez y media | *it's half past ten* |
| son las diez y cuarto | *it's quarter past ten* |
| son las diez menos cuarto | *it's quarter to ten* |
| a las diez y veinte | *at twenty past ten* |
| a las diez menos veinte | *at twenty to ten* |
| son y media | *it's half past* |
| son y cuarto/son menos cuarto | *it's quarter past/quarter to* |
| son las quince treinta | *it's 15.30* |
| son las cuatro cuarenta y seis | *it's 4.46* |
| dentro de media hora | *in half an hour* |
| dentro de un cuarto de hora | *in a quarter of an hour* |
| es hora de comer | *it's time for lunch* |
| | |
| llegar pronto | *to be early* |
| llegar tarde | *to be late* |
| llegar a la hora | *to be on time* |
| al mismo tiempo | *at the same time* |

# 16 Shopping 1: shops

| | |
|---|---|
| la tienda | shop, store |
| la tienda de alimentación | grocer's shop |
| el mercado | market |
| el supermercado | supermarket |
| el hipermercado | hypermarket |
| el aparcamiento | carpark |
| la entrada | entrance |
| la salida (de emergencia) | (emergency) exit |
| el escaparate | (shop) window |
| la escalera mecánica | escalator |
| las rabajas | sales |
| la carnicería | butcher's (shop) |
| la pescadería | fishmonger's (shop) |
| la verdulería | greengrocer's (shop) |
| la frutería | fruit shop |
| la panadería | baker's (shop) |
| la pastelería | cake shop |
| la bodega | wine shop, liquor store |
| los grandes almacenes | department store |
| la tienda de ropa | clothes shop |
| la zapatería | shoe shop |
| la tintorería | dry cleaner's |
| la limpieza en seco | dry cleaning |
| la mercería | haberdasher's (shop) |
| la joyería | jeweller's (shop) |
| la librería | bookshop |
| la papelería | stationer's (shop) |
| el quiosco de periódicos | newspaper stand |
| la droguería | hardwear shop |
| la ferretería | ironmonger's (shop) |
| la farmacia | pharmacy |
| el estanco | tobacconist's (shop) |
| la peluquería | hairdresser's |
| la óptica | optician's |
| el banco | bank |
| la caja de ahorros | savings bank |
| la oficina de correos/la estafeta de correos | post office |
| el vendedor/la vendedora | sales assistant |
| el cajero/la cajera | checkout assistant |
| el encargado/la encargada | manager |
| el/la cliente | customer |

| | |
|---|---|
| comprar | to buy |
| vender | to sell |
| querer | to want |
| buscar | to look for |
| encontrar | to find |
| coger | to take |
| mirar | to look (at) |
| elegir/seleccionar | to choose |
| pesar | to weigh |
| preguntar | to ask |
| pedir | to ask for |
| ayudar | to help |
| pagar | to pay (for) |
| ir | to go |
| entrar | to go/come in |
| salir | to go/come out |
| | |
| ir de compras | to go shopping |
| hacer la compra | to do the (food) shopping |
| de buena/mala calidad | good/bad quality |
| ¿cuánto cuesta/ cuestan...? | how much is/are...? |
| ¿a cuánto está/están...? | how much is/are...? |
| ¿cuánto cuestan los tomates? | how much are the tomatoes? |
| en la peluquería/ farmacia | in the hairdresser's/ pharmacy |
| de venta en este establecimiento | on sale here |
| horas de apertura | opening hours |
| cerrado por vacaciones | closed for holidays |
| se ruega no tocar | please do not touch |
| precios increíbles | amazing prices |

## Language in action

**Lista de cosas que hacer:**

- Ir a la panadería: preguntar a la encargada si abren el domingo.
- Ir a la pastelería: encargar la tarta
- Ir a la zapatería: preguntar cuándo empiezan las rebajas.
- Ir al mercado: hacer la compra de la semana. En la frutería pagar la cuenta del mes. En la pescadería, comprar salmón para la cena del domingo.
- Ir al supermercado: comprar zumo si está de oferta.
- Pasar por la caja de ahorros y sacar dinero.

| | |
|---|---|
| la ropa | clothes |
| la camisa | shirt |
| la blusa | blouse |
| el vestido | dress |
| la falda | skirt |
| la camiseta | T-shirt |
| el chaleco | waistcoat, vest (US) |
| la rebeca/la chaqueta (de punto) | cardigan |
| el jersey | jumper, sweater |
| la sudadera | sweatshirt |
| la chaqueta | jacket |
| el traje | suit |
| el traje de chaqueta | suit (woman's) |
| el traje pantalón | trouser suit, pantsuit |
| el pantalón/los pantalones | trousers, pants |
| el vaquero/los vaqueros | jeans |
| los shorts | shorts |
| los leggins/las mallas | leggings |
| el chándal | tracksuit |
| el calcetín | sock |
| los pantis/las medias | tights, pantie hose |
| las bragas | knickers, panties |
| el sujetador | bra |
| los calconcillos | underpants, shorts (US) |
| el bañador | swimsuit/swimming trunks |
| el camisón | nightdress |
| el pijama | pyjamas |
| el abrigo | coat/overcoat |
| el impermeable | raincoat |
| el zapato | shoe |
| la deportiva | trainer |
| la bota | boot |
| la playera | canvas shoe |
| el botón | button |
| el bolsillo | pocket |
| el cuello | neck (of garment) |
| la manga | sleeve |
| el largo | length |
| la talla | size |
| el número de pie/de zapato | shoe size |
| el probador | fitting room |

| | |
|---|---|
| de manga corta/larga | short/long-sleeved |
| sin mangas | sleeveless |
| de cuello vuelto | polo-necked |
| de plataforma | platform (soled) |
| forrado/forrada | lined |
| estrecho/estrecha | tight |
| ajustado/ajustada | close-fitting |
| holgado/holgada | loose-fitting |
| acolchado/acolchada | padded/quilted |
| demasiado | too/too much |
| pequeño/pequeña | small |
| mediano/mediana | medium |
| grande | big |
| extra grande | extra large |
| | |
| probarse | to try (on) |
| cambiar (por) | to exchange (for) |
| aconsejar | to advise |
| | |
| ir de tiendas | to go round the shops |
| ir a ver escaparates | to go window-shopping |
| ¿le puedo ayudar en algo? | would you like any help? |
| sólo estoy mirando | I'm just looking |
| ¿qué tal le queda? | how does it fit (you)? |
| me queda perfectamente | it fits perfectly |
| ¿tiene una talla más grande/más pequeña? | do you have a larger/ smaller size? |
| ¿cómo quiere pagar? | how would you like to pay? |
| pagar en efectivo | to pay cash |
| pagar con talón/tarjeta | to pay by cheque/card |

## Language in action

- Hola, ¿le puedo ayudar en algo?
- Quería cambiar estos pantalones.
- ¿Cuál es el problema?
- La chaqueta me queda bien, pero los pantalones me aprietan un poco en la cintura. Es una 36 ¿podría darme una talla más grande?
- Por supuesto, aquí tiene. La talla 38 ¿Se la quiere probar?
- Sí, aquí tiene la otra.
- ¿Qué tal le está?
- Esta talla me queda perfectamente. Me los llevo. Y quiero también esta camiseta de manga larga.
- Muy bien. ¿Cómo quiere pagar? ¿En efectivo o con tarjeta?
- Con tarjeta, por favor.

|  |  |
|---------|---------|
| el pañuelo | (small) scarf, handkerchief |
| la pañoleta | scarf (large, square) |
| el fular | scarf (long) |
| el guante | glove |
| el par de guantes | pair of gloves |
| el sombrero | hat |
| el gorro de lana | woolly hat |
| la boina | beret |
| el cinturón | belt |
| la bolsa | bag |
| el bolso | handbag, purse (US) |
| el bolso (de bandolera) | shoulder bag |
| la bolsa de viaje | travel bag |
| el maletín | briefcase |
| la mochila | rucksack |
| el monedero | purse, change purse |
| la cartera | wallet, billfold |
| el llavero | keyring |
| las joyas | jewellery |
| el collar | necklace |
| la cadena | chain necklace |
| el colgante | pendant |
| el pendiente | earring |
| la cuenta | bead |
| la perla | pearl |
| el aro | hooped earring |
| el broche | brooch |
| la pulsera | bracelet |
| el anillo | ring |
| el anillo de compromiso | engagement ring |
| la alianza, el anillo de bodas | wedding ring |
| el reloj de pulsera | watch |
| el pasador del pelo | hairslide, barette |
| la horquilla | hairgrip, bobbie pin |
| la cinta del pelo | hairband |
| el maquillaje | make-up |
| la base de maquillaje | foundation |
| los polvos de tocador | face powder |
| el pintalabios | lipstick |
| el colorete | blusher |
| el maquillaje de ojos | eye make-up |

| | |
|---|---|
| la sombra de ojos | *eye shadow* |
| el rímel | *mascara* |
| el esmalte de uñas | *nail varnish* |
| el quitaesmaltes | *nail varnish remover* |
| los artículos de perfumería | *toiletries* |
| la leche limpiadora | *make-up remover* |
| el tónico | *toning lotion* |
| la crema hidratante | *moisturizer* |
| la crema de manos | *hand cream* |
| el perfume | *perfume* |
| el agua de colonia, la colonia | *toilet water* |
| el aftershave | *after-shave* |
| la crema de afeitar | *shaving cream* |
| el champú | *shampoo* |
| el suavizante | *conditioner* |
| el tinte del pelo | *hair dye* |
| la laca | *hairspray* |
| la espuma del pelo | *hair mousse* |
| el rulo | *curler, roller* |
| el peine | *comb* |
| el cepillo del pelo | *hairbrush* |
| el secador | *hairdryer* |
| la espuma de baño | *foam bath* |
| el gel de baño | *shower gel* |
| el desodorante | *deodorant* |
| la pasta de dientes, el dentífrico | *toothpaste* |
| el cepillo de dientes | *toothbrush* |
| la crema depilatoria | *hair-removing cream* |
| las pinzas | *tweezers* |
| las tijeras | *scissors* |
| la lima de uñas | *nail file* |
| la bolsa de baño | *toilet bag* |
| la bolsita del maquillaje | *make-up bag* |
| | |
| maquillarse | *to put on one's make-up* |
| quitarse el maquillaje | *to remove one's make-up* |
| lavarse la cabeza | *to wash one's hair* |
| cepillarse el pelo | *to brush one's hair* |
| teñirse el pelo | *to dye one's hair* |
| | |
| un pañuelo de seda | *a silk scarf* |
| un cinturón de cuero | *a leather belt* |
| una pulsera de oro/plata | *a gold/silver bracelet* |
| un anillo de diamantes | *a diamond ring* |

| | |
|---|---|
| el café (molido) | (ground) coffee |
| el café en grano | coffee beans |
| el café instantáneo | instant coffee |
| el cacao en polvo | drinking chocolate |
| el té | tea |
| la manzanilla | camomile tea |
| el vino | wine |
| la cerveza | beer |
| las bebidas alcohólicas | spirits |
| el zumo de fruta/de naranja | fruit/orange juice |
| el agua mineral (F) | mineral water |
| la galleta | biscuit, cookie |
| la madalena | sponge cake |
| los cereales | cereal(s) |
| la mermelada | jam/marmalade, jelly (US) |
| el arroz | rice |
| la pasta | pasta |
| la sopa | soup |
| las lentejas | lentils |
| los garbanzos | chickpeas |
| las conservas | tinned goods |
| los alimentos congelados | frozen food |
| la harina | flour |
| el azúcar (F) | sugar |
| la sal | salt |
| la pimienta | pepper |
| las hierbas | herbs |
| las especias | spices |
| el aceite de oliva/de maíz/ de girasol | olive/corn/sunflower oil |
| el vinagre | vinegar |
| la mostaza | mustard |
| la salsa de tomate | tomato sauce |
| las aceitunas | olives |
| las patatas fritas | crisps, chips |
| los cacahuetes | peanuts |
| las sardinas | sardines |
| las anchoas | anchovies |
| los carmelos | sweets, candy |
| el chocolate | chocolate |
| los frutos secos | dried fruit |
| la comida para animales | pet food |
| la botella | bottle |

| | |
|---|---|
| la bote/la lata | *tin, can* |
| el paquete | *packet* |
| la bolsa | *bag* |
| el carrito | *trolley* |
| la cesta | *basket* |
| la caja | *checkout/till* |
| la balda | *shelf (in shop, fridge)* |
| la sección | *section* |
| la sección de vinos | *wine section* |
| el mostrador | *counter* |
| el mostrador de quesos | *cheese counter* |
| la entrada | *entrance* |
| la salida (de emergencia) | *(emergency) exit* |
| | |
| pesado/pesada | *heavy* |
| ligero/ligera | *light* |
| bastante | *enough (of)* |
| mucho/mucha | *a lot (of)* |
| muchos/muchas | *many* |
| demasiado/demasiada | *too much (of)* |
| | |
| en oferta especial | *on special offer* |
| precios increíbles | *incredible prices* |
| a mitad de precio | *(at) half price* |
| a la derecha (de) | *on the right (of)* |
| a la izquierda (de) | *on the left (of)* |
| pasar por caja | *to go to the checkout* |
| hacer cola | *to queue* |
| ¿me puede ayudar? | *can you help me?* |

## Language in action

En el supermercado 'Vaya ahorro' tenemos hoy muchas ofertas especiales para nuestros clientes: compre un paquete de café molido 'Cafeto' y llévese otro. Compre dos paquetes de harina 'El trigal' y le regalamos una botella de aceite de oliva 'La aceituna alegre'. Y por si eso no fuera bastante, las madalenas 'Bocado dulce' ¡están hoy a mitad de precio! Le recomendamos también que se acerque a nuestra sección de vinos, situada a la derecha de la entrada, donde también encontrará precios increíbles. Y le recordamos que si desea cambiar sus puntos-regalo debe hacer cola en la caja número 10, cerca del mostrador de carne. Si su carrito o su cesta son muy pesados, no dude en dirigirse a un miembro de nuestro personal, que le ayudará encantado a llevarlo al coche. Gracias por comprar en supermercados 'Vaya ahorro'.

| | |
|---|---|
| las verduras | *vegetables* |
| la alcachofa | *artichoke* |
| los espárragos | *asparagus* |
| la berenjena | *aubergine, eggplant* |
| el brécol/el brócoli | *broccoli* |
| el apio | *celery* |
| los guisantes | *peas* |
| el pimiento verde/rojo | *red/green pepper* |
| la patata | *potato* |
| el champiñón | *mushroom* |
| el repollo | *cabbage* |
| las coles de Bruselas | *Brussels sprouts* |
| la coliflor | *cauliflower* |
| la zanahoria | *carrot* |
| el nabo | *turnip* |
| el puerro | *leek* |
| el calabacín | *courgette, zucchini* |
| la endivia | *chicory, endive* |
| las espinacas | *spinach* |
| las judías verdes | *green beans* |
| las habas | *broad beans, lima beans* |
| el maíz | *sweetcorn* |
| la cebolla | *onion* |
| el ajo | *garlic* |
| la lechuga | *lettuce* |
| el tomate | *tomato* |
| el aguacate | *avocado* |
| el pepino | *cucumber* |
| la fruta | *fruit* |
| la manzana | *apple* |
| la pera | *pear* |
| el albaricoque | *apricot* |
| el melocotón | *peach* |
| la nectarina | *nectarine* |
| el plátano | *banana* |
| las uvas | *grapes* |
| el higo | *fig* |
| la fresa | *strawberry* |
| la frambuesa | *raspberry* |
| el melón | *melon* |
| la cereza | *cherry* |
| la ciruela | *plum* |
| la naranja | *orange* |

| el limón | lemon |
| la lima | lime |
| el pomelo | grapefruit |
| la clementina | clementine |
| maduro/madura | ripe |
| pasado/pasada | over-ripe |
| podrido/podrida | rotten |
| hermoso/hermosa | beautiful |
| rico/rica | nice (in taste) |
| fresco/fresca | fresh |
| nuevo/nueva | new |
| biológico/biológica | organic |
| de la tierra | locally grown |
| barato/barata | cheap |
| caro/cara | expensive |
| ¿cuánto quiere? | how much would you like? |
| ¿cuántos/cuántas quiere? | how many would you like? |
| ¿cuánto le pongo? | how much shall I give you? |
| ¿cuántos/cuántas le pongo? | how many shall I give you? |
| ¿quiere algo más? | would you like anything else? |
| ¿algo más? | anything else? |
| eso es todo, gracias | that's all, thanks |

## Language in action

- Hola Manuel
- Hola, señora Rosa, ¡qué guapa la veo! ¿qué le pongo?
- Quiero un kilo de tomates, pero cuidadito no me los pongas muy maduros, que la última vez estaban casi pasados. Y que tampoco estén muy verdes.
- Aquí los tiene, mire que hermosura de tomates.
- Pschi. No están mal. ¿A cuánto están las manzanas?
- A un euro veinte el kilo. Muy baratas.
- Ponme dos kilos. Y un par de lechugas, tres kilos de patatas nuevas y tres puerros grandes ¿Es buena la fresa?
- Sí señora. Aquí todo es de la mejor calidad.
- Pues la última vez no sabían a nada.
- Pruebe ésta, ya verá qué sabor.
- Mmmm, sí, está muy rica. Ponme seiscientos gramos. Esas peras ¿son de la tierra?
- No señora, son biológicas.
- ¿Biológicas? ¿Y eso qué es?
- Que no han usado fertilizantes. Cuestan dos euros cincuenta el kilo.
- ¡Dos euros cincuenta! ¡Qué barbaridad! Pero si son buenas, me llevaré medio kilo.

| | |
|---|---|
| la carne | *meat* |
| la carne de vaca | *beef* |
| la ternera | *veal* |
| el cerdo | *pork* |
| el cordero | *lamb* |
| el pollo | *chicken* |
| el pavo | *turkey* |
| el conejo | *rabbit* |
| el filete | *steak* |
| la chuleta | *chop* |
| el filete de cerdo | *pork steak* |
| la carne picada | *mince* |
| la pierna de cordero | *leg of lamb* |
| el muslo de pollo | *chicken leg* |
| le pechuga de pollo | *chicken breast* |
| el hígado | *liver* |
| el riñón | *kidney* |
| el beicon/el bacon | *bacon* |
| el tocino | *salt pork* |
| la morcilla | *black pudding* |
| la salchicha | *sausage* |
| el salchichón | *salami-type sausage* |
| el chorizo | *chorizo (Spanish sausage)* |
| el jamón de York | *ham* |
| el jamón serrano | *cured raw ham* |
| el huevo | *egg* |
| el pescado | *fish* |
| el filete de pescado | *fillet* |
| la merluza | *hake* |
| la pescadilla | *whiting* |
| el besugo | *red bream* |
| el arenque | *herring* |
| la caballa | *mackerel* |
| el bacalao | *salt cod* |
| el salmón (ahumado) | *(smoked) salmon* |
| el atún | *tuna* |
| la trucha | *trout* |
| la sardina | *sardine* |
| la anchoa | *anchovy* |
| el mejillón | *mussel* |
| la ostra | *oyster* |
| la gamba | *prawn* |
| la langosta | *lobster* |

| | |
|---|---|
| la almeja | clam |
| la cigala | crayfish (sea) |
| el cangrejo | crab |
| los productos lácteos | dairy products |
| la leche | milk |
| la nata líquida | single cream |
| la nata para montar | double cream |
| la nata montada | whipped cream |
| la mantequilla | butter |
| la margarina | margarine |
| el queso | cheese |
| la leche desnatada/ | skimmed/semi-skimmed |
| semidesnatada | milk |
| la leche entera | full fat milk |
| el yogur | yoghurt |
| el pan | bread |
| el panecillo | bread roll |
| el pan integral | wholemeal bread |
| | |
| crudo/cruda | raw |
| curado/curada | cured |
| ahumado/ahumada | smoked |
| cocido/cocida | cooked (ham) |
| fresco/fresca | fresh |
| de granja | free-range |
| casero/casera | homemade |

## Language in action

- ¿Te vienes a comer a casa el sábado? He traído unas chuletas de cordero estupendas.
- Lo siento, no puedo comer cordero. Soy vegetariano.
- No te preocupes, hombre, te puedo hacer unos huevos fritos con morcilla.
- No, tampoco puedo comer morcilla. La morcilla es carne.
- ¿Entonces qué comes?
- Verdura, lentejas...
- Bien, entonces puedo hacer judías con jamón.
- Pero el jamón es carne.
- Sí, es verdad. Pues entonces unas lentejas con chorizo.
- No, lo siento. Tampoco puedo comer chorizo. El chorizo es carne, y ya te he dicho que no como carne.
- Bueno, mira, mejor no vengas a comer.

| | |
|---|---|
| el acero | steel |
| el acero inoxidable | stainless steel |
| el cobre | copper |
| el bronce | brass |
| el hierro | iron |
| el cemento | cement |
| la madera | wood |
| el tablón | plank, piece of wood |
| el plástico | plastic |
| el cristal | glass |
| el azulejo | tile |
| la baldosa | tile/floor tile |
| el alicatado | tiling |
| la pieza | piece |
| la herramienta | tool |
| el martillo | hammer |
| el destornillador | screwdriver |
| la sierra | saw |
| la llave inglesa | spanner, monkey wrench |
| el cincel | chisel |
| las tijeras | scissors |
| los alicates | pliers |
| la taladradora | (electric) drill |
| el clavo | nail |
| el tornillo | screw |
| el agujero | hole |
| el papel de lija | sandpaper |
| el cepillo de carpintero | plane |
| el papel pintado | wallpaper |
| la cola/el pegamento | glue |
| el aceite | oil |
| la pintura (al agua) | (emulsion) paint |
| la pintura esmalte | gloss paint |
| el barniz | varnish |
| el pincel | paintbrush |
| el rodillo | paint roller |
| el decapante | paint stripper |
| la escalera de mano | stepladder |
| el enchufe | plug |
| el alambre | wire |
| el ancho | width |
| la longitud | length |
| el alto | height |

| el borde | edge |
|----------|------|
| el lado | side |

| pegar | to glue |
|-------|---------|
| construir | to build, construct |
| cortar | to cut |
| intentar (hacer) | to try (to do) |
| instalar | to install, put in |
| medir | to measure |
| montar | to put up, put together |
| arreglar | to repair |
| serrar | to saw |
| utilizar | to use |
| atornillar | to screw |
| señalar | to indicate/point (out) |

| grueso/gruesa | thick |
|---------------|-------|
| hermético/hermética | watertight |
| fino/fina | fine, thin |
| largo/larga | long |
| resistente | tough |

| hacer un agujero | to make a hole |
|------------------|----------------|
| una tabla de madera | a piece of wood |
| un tablón de treinta cm de ancho | a piece of wood/plank 30 cm wide |
| un tablón de ciento cincuenta cm de largo | a piece of wood 150 cm long |

## Language in action

**Una librería para montar**

Contenidos del paquete: Dos piezas de madera de 150 cm de largo y 30 cm de ancho. Cuatro piezas de madera de 60 cm de largo y 30 cm de ancho. Tabla de madera de 150 cm x 60 cm. Dieciséis tornillos. Clavos. Un paquete de cola.

Poner un poco de cola en los bordes de los tablones de 60 x 30. Formar una 'L' con uno de los tablones de 60 x 30 y uno de los tablones de 150 x 30, haciendo coincidir los lados de 30. Con un destornillador, poner los tornillos en los agujeros ya hechos. Hacer lo mismo con los otros tablones, en el lugar señalado por los agujeros. Poner el otro tablón de 150 x 30 en los otros extremos de los tablones de 60 x 30. Poner los tornillos y apretar bien. Tendrás un cuadrado con dos líneas en el centro. Dar la vuelta a la estantería. Poner la tabla de madera de 150 x 60 sobre la parte de atrás de la estantería y sujetarla con los clavos. Éste será el fondo de la estantería. Lijar los bordes con un poco de papel de lija. La estantería está lista para pintar o barnizar.

| | |
|---|---|
| la televisión | television |
| la tele* | TV, telly |
| la televisión por cable | cable television |
| la pantalla | screen |
| el canal de televisión | (television) channel |
| la película | film |
| el programa | programme |
| la telenovela/el culebrón* | soap |
| el documental | documentary |
| las noticias | news |
| el magazine | magazine programme |
| el reportaje deportivo | sports report |
| el pronóstico del tiempo | weather forecast |
| los anuncios | adverts |
| el vídeo | VCR |
| la cinta de vídeo | video tape |
| el CD | CD player |
| el CD, el compacto | CD, compact disc |
| el estéreo | stereo |
| el walkman | personal stereo |
| la pletina | cassette deck |
| el magnetofón | cassette recorder |
| la radio | radio |
| el grupo | group/band |
| el jazz | jazz |
| la música clásica | classical music |
| la música pop | pop music |
| el rap | rap |
| el rock | rock |
| el concierto | concert |
| el cine | cinema |
| el teatro | theatre |
| la obra de teatro | play |
| la ópera | opera |
| el/la cantante | singer |
| el cómico/la cómica | comedian |
| el actor/la actriz | actor/actress |
| bueno/buena | good |
| genial | great |
| fabuloso/fabulosa | fantastic |
| malo/mala | bad |
| terrible/atroz | awful, terrible |
| espantoso/espantosa | horrific, appalling |

| | |
|---|---|
| aburrido/aburrida | *boring* |
| divertido/divertida | *funny* |
| divertidísimo/ divertidísima | *hilarious* |
| famoso/famosa | *famous, well-known* |
| favorito/favorita | *favourite* |
| interesante | *interesting* |
| inolvidable | *unforgettable* |
| moderno/moderna | *modern* |
| vanguardista | *avant-garde* |
| preferir | *to prefer* |
| apreciar | *to appreciate* |
| odiar | *to hate, detest* |
| recomendar | *to recommend* |
| escuchar | *to listen (to)* |
| oír | *to hear* |
| mirar | *to watch, look at* |
| ser un muermo* | *to be really boring* |
| de moda* | *in, fashionable* |
| merecer la pena | *to be worth it* |
| perderse algo | *to miss (a film or a show)* |

## Language in action

**Lo mejor de esta semana...**

Lunes 13: Si el teatro siempre te ha parecido un muermo, cambiarás de idea cuando veas esta apasionante adaptación al cine de Hamlet. A las 21.30 en el Canal +.

Martes 14: 'De risa' Los mejores cómicos del país se han juntado para crear el programa más divertido del año. ¡Verdaderamente genial! En el canal uno a las 20.30.

Miércoles 15: *Gricot* es un grupo de danza moderna francés cuyas coreografías son siempre innovadoras y vanguardistas. En el programa cultural 'Las Artes' en el canal dos, a las 10.00 de la noche.

Jueves 16: 'Tardes de verano' es un magazine de variedades que se empieza a emitir este jueves. Con entrevistas a famosos y actuaciones de grupos de pop. Un programa entretenido y variado.

Viernes 17: En el canal cinco, documental sobre la conquista del Polo Sur. O si prefieres el cine, cambia al canal cuatro para ver la inolvidable Casablanca.

Sábado 18: El programa informativo 'La actualidad' está dedicado esta semana a un tema muy de actualidad: los últimos avances en ingeniería genética. Realmente interesante.

Domingo 19: Ya te has comprado el CD. Ahora no te pierdas el concierto de rock de *Los Místicos*, el grupo nacional más de moda.

| | |
|---|---|
| la taquilla | booking offfice |
| la entrada | ticket |
| el/la artista | performer |
| la estrella de cine | film star |
| el actor/la actriz | actor/actress |
| el personaje | character |
| el héroe/la heroína | hero/heroine |
| el villano/la villana | villain |
| el malo/la mala* | baddie |
| el bueno/la buena)* | goody |
| el bailarín/la bailarina | dancer |
| el payaso/la payasa | clown |
| el espectador/ la espectadora | spectator |
| el público | public |
| el teatro | theatre |
| el cine | cinema |
| el ballet | ballet |
| la ópera | opera |
| el circo | circus |
| la película | movie, film |
| la obra de teatro | play |
| el concierto | concert |
| el bis | encore |
| la orquesta | orchestra |
| la sala de conciertos | concert hall |
| la escena | stage/scene |
| el telón | curtain |
| el patio de butacas | stalls |
| el primer piso | circle |
| los bastidores | wings |
| la entrada de artistas | stage door |
| el guardarropa | cloakroom |
| el director | director/producer |
| el argumento | plot |
| la producción | production (in cinema) |
| la puesta en escena | production (in theatre) |
| los subtítulos | subtitles |
| el espectáculo | show |
| la representación | performance |
| la sesión | show, showing |
| la discoteca | disco |
| la pista | dance floor |

| | |
|---|---|
| duro/dura | hard-hitting |
| difícil | difficult |
| terrorífico/terrorífica | terrifying |
| genial | great, super |
| divertido/divertida | amusing |
| entretenido/entretenida | entertaining |
| bien hecho/hecha | well done, well made |
| doblado/doblada | dubbed |
| subtitulado/subtitulada | subtitled |
| | |
| reservar asientos | to book seats |
| actuar | to act |
| interpretar un papel | to play a role |
| | |
| una película de dibujos animados | cartoon, animated movie |
| una película de aventuras | adventure movie |
| una película de terror | horror movie |
| una película de cine negro | film noir |
| en versión original/VO | with original soundtrack (not dubbed) |
| en escena | on the stage |
| ¿dónde nos vemos? | where shall we meet? |
| quedamos enfrente del cine | we'll meet opposite the cinema |
| yo te paso a recoger | I'll call round for you |
| me gustó mucho | I really liked it |
| quedar decepcionado/ decepcionada | to be disappointed |
| tener mucho éxito | to be successful |
| tener poco éxito | to be unsuccessful |
| un éxito de taquilla | a box office hit |

## Language in action

*Kemal* es la última película de Ishan Kocyigit, un joven director turco que ya tuvo mucho éxito en Cannes con su anterior película. *Kemal* es una película dura y al espectador puede resultarle difícil ver algunas de sus escenas, pero también es de una increíble belleza. No es una película de buenos y malos, ni una gran producción del tipo de las películas americanas, pero el argumento es inteligente y realista y los actores actúan de forma genial. El hecho de que sea una película en versión original con subtítulos, puede que explique por qué no se ha convertido ya en un éxito de taquilla.

| la lectura | reading |
| el escritor/la escritora | writer |
| el autor/la autora | author |
| el periodista/la periodista | journalist |
| el reportero/la reportera | reporter |
| el redactor/la redactora | editor |
| la prensa | the press |
| la prensa sensacionalista | tabloid press |
| la prensa de calidad | quality press |
| el periódico | newspaper |
| el dominical | Sunday newspaper |
| el suplemento | supplement |
| la revista (ilustrada) | (glossy) magazine |
| la revista de moda | fashion magazine |
| la revista de información | news magazine |
| la revista femenina | women's magazine |
| la revista masculina | men's magazine |
| la suscripción | subscription |
| los titulares | headlines |
| el artículo | article |
| la sección | section |
| la columna | column |
| el editorial | editorial |
| los negocios | business |
| la página de deportes | sports page |
| los anuncios por palabras | small ads |
| la crítica | review |
| el crucigrama | crossword |
| la tira cómica | strip cartoon |
| la foto(grafía) | photo(graph) |
| el escándalo | scandal |
| el libro | book |
| la autobiografía | autobiography |
| la biografía | biography |
| la novela | novel |
| la novela policiaca | detective novel |
| la novela romántica | romantic novel |
| la novela de misterio | mystery novel |
| la ciencia-ficción | science-fiction, sci-fi |
| la ficción/no-ficción | fiction/non-fiction |
| la historia | story/history |
| el título | title |
| la cubierta | cover |

| emotivo/emotiva | moving |
| absurdo/absurda | absurd/ridiculous |
| fascinante | fascinating |
| de ficción | fictional |
| gracioso/graciosa | funny |
| diario/diaria | daily |
| semanal | weekly |
| mensual | monthly |
| nuevo/nueva | new |
| reciente | recent |
| serio/seria | serious |
| sensacional | sensational |
| sensacionalista | sensationalist |
| verdadero/verdadera | true |
| real | real |
| completo/completa | detailed/full |
| describir | to describe |
| leer | to read |
| relatar | to relate, tell |
| suscribirse | to subscribe |
| aprender | to learn |
| aparecer en primera plana | to hit the headlines |
| trata de... | it's about... |
| mantenerse al día | to keep up to date |

## Language in action

- ¿Cuál es su afición favorita?
- Me encanta la lectura. Leo mucha ficción, pero también novelas históricas y biografías.
- ¿Y cómo sigue la actualidad?
- Me he suscrito a varias revistas informativas semanales y mensuales. Me gusta mantenerme al día de lo que pasa en política, economía, ciencias... Es estimulante aprender cosas nuevas. También compro el periódico todos los días, ¡aunque no siempre tengo tiempo para leerlo! Me gusta especialmente leer el editorial y el periódico dominical, porque ese día la información es muy completa.
- ¿Qué piensa de la prensa sensacionalista?
- ¡No la soporto! Todos esos cotilleos e historias absurdas sobre la gente famosa. Yo sólo leo prensa de calidad, con historias reales.
- ¿Qué está leyendo en este momento?
- Estoy leyendo una novela que se sitúa en la edad media con un argumento fascinante. Es una mezcla de novela histórica y policiaca. Trata de un monje que tiene que resolver varios asesinatos.

| | |
|---|---|
| la música | music |
| la música clásica | classical music |
| la ópera | opera |
| la música pop | pop music |
| el rock | rock |
| el jazz | jazz |
| la orquesta | orchestra |
| el coro | choir |
| el grupo | group, band |
| el músico/la música | musician |
| el director/la directora de orquesta | conductor |
| el compositor/la compositora | composer/songwriter |
| la canción | song |
| la melodía | tune |
| el acompañamiento | accompaniment |
| el éxito | hit |
| la grabación | recording |
| la letra | words (of a song) |
| el libreto | libretto |
| la partitura | score |
| el aria | aria |
| el/la soprano | treble/soprano |
| el tenor | tenor |
| el alto | alto |
| el/la barítono | baritone |
| la contralto | contralto |
| el bajo | bass/bass guitar |
| el instrumento | instrument |
| la flauta | flute |
| la flauta dulce | recorder |
| la guitarra | guitar |
| el contrabajo | double bass |
| el violín | violin |
| el violonchelo | cello |
| la viola | viola |
| la trompeta | trumpet |
| el trombón | trombone |
| el saxofón | saxophone |
| el oboe | oboe |
| el clarinete | clarinet |
| el fagot | bassoon |

| el piano | piano |
| el teclado (electrónico) | (electronic) keyboard |
| el órgano | organ |
| la batería | drumkit, drums |
| el tambor | drum |
| el amplificador | amplifier |
| el arpa (F) | harp |
| la cuerda | string |
| el arco | bow |
| la tecla | key (on keyboard) |
| estudiar | to study |
| aprender | to learn |
| tocar | to play |
| interpretar | to play/sing |
| practicar | to practise |
| dirigir | to conduct |
| componer | to compose |
| los instrumentos de cuerda/de viento | string/wind instruments |
| tocar el piano/la guitarra | to play the piano/the guitar |
| interpretar una pieza de música | to play a piece of music |
| interpretar una canción | to sing a song |

## Language in action

### La historia de un grupo musical

Geoff Matis, el fundador del *Nmesis*, estudió música clásica desde la edad de seis años y aprendió a tocar el violín y el piano. A pesar de su formación clásica, siempre estuvo interesado en la música de otros países y culturas. A los veinte años viajó por la India y el continente Sudamericano. A su vuelta a Europa decidió formar un grupo y componer música que recogiese todas esas influencias. Así nació *Nmemis*. El primer CD que el grupo grabó pasó casi desapercibido, pero, cuando su música se utilizó en la película *Rutas*, se convirtió en un gran éxito. El grupo mezcla instrumentos de música clásica tradicionales, (instrumentos de cuerda o de viento como el violín o el oboe) con instrumentos étnicos (flautas de pan o tablas). El propio Geoff compone normalmente las melodías y las letras las escribe el bajista, Tim Pearce. *Nmemis* ofrece una música ecléctica y llena de sugerencias que esperamos le guste.

| | |
|---|---|
| el pasatiempo | *pastime, hobby* |
| la afición | *interest, hobby* |
| el bricolaje | *DIY* |
| la carpintería | *carpentry* |
| la jardinería | *gardening* |
| la cerámica | *pottery* |
| la costura | *sewing* |
| el punto | *knitting* |
| la cocina | *cooking* |
| el dibujo | *drawing* |
| la pintura | *painting* |
| la música | *music* |
| la lectura | *reading* |
| la fotografía | *photography* |
| la cámara de fotos | *camera* |
| la colección | *collection* |
| el juego de mesa | *board game* |
| las cartas | *cards* |
| el ajedrez | *chess* |
| las damas | *draughts* |
| la maqueta | *model* |
| el crucigrama | *crossword* |
| el videojuego | *video game* |
| el mando, el joystick | *joystick* |
| el joy-pad | *joy-pad* |
| el botón para disparar | *fire button* |
| el ordenador | *computer* |
| el monitor | *monitor* |
| el ratón | *mouse* |
| el teclado | *keyboard* |
| el disco duro | *hard disk* |
| el disquete | *diskette* |
| el DVD | *DVD* |
| el CD ROM | *CD ROM* |
| la pantalla | *screen* |
| la impresora | *printer* |
| el tratamiento de textos | *word processing* |
| la base de datos | *database* |
| el juego de ordenador | *computer game* |
| el backgammon | *backgammon* |
| | |
| divertido/divertida | *enjoyable* |
| aburrido/aburrida | *boring* |

| | |
|---|---|
| interesante | *interesting* |
| obsesionado/ obsesionada | *obsessed* |
| creativo/creativa | *creative* |
| coleccionar | *to collect* |
| coser | *to sew* |
| cocinar | *to cook* |
| escuchar | *to listen (to)* |
| tejer | *to knit* |
| pintar | *to paint* |
| bailar | *to dance* |
| jugar (con) | *to play (with)* |
| divertirse | *to enjoy oneself* |
| odiar | *to hate* |
| me gusta... | *I like...* |
| me gusta jugar a las cartas | *I like playing cards* |
| me encanta... | *I love...* |
| me encanta escuchar música | *I love listening to music* |
| me aburro | *I'm bored* |
| me aburre leer | *I find reading boring* |
| odio pintar | *I hate painting* |
| echar una partida de cartas/damas | *to have a game of cards/ draughts* |
| tocar un instrumento | *to play an instrument* |
| ver la tele | *to watch TV* |
| jugar a los marcianitos | *to play space invaders* |

## Language in action

- Mamá, Julia no me deja jugar con el ordenador.
- ¡Estáis obsesionados con el ordenador! ¿Es que no sabéis pasarlo bien sin jugar a los marcianitos? ¿Por qué no aprendes a pintar o a hacer fotografías? ¿O por qué no lees un libro?
- Me aburre leer, odio pintar y no me gusta la fotografía.
- Puedes ir al club a escuchar música con tus amigos y bailar.
- El club es superaburrido. Está lleno de viejos jugando a las cartas.
- Dile a tu hermano que eche una partida de ajedrez contigo.
- Dice que no quiere, está viendo la tele.
- Cuando yo era más joven sí que sabíamos divertirnos sin la tele ni el ordenador. Teníamos entretenimientos creativos e interesantes. Nuestra generación sabe divertirse mejor. A tu padre, por ejemplo, le encanta hacer deporte. ¿Por qué no juegas al tenis con papá? Seguro que quiere.
- Lo dudo. Está viendo la tele también.

| | |
|---|---|
| el restaurante | restaurant |
| el restaurante de comida rápida | fast-food restaurant |
| el bar | bar |
| la terraza | terrace |
| los aseos | toilet(s) |
| el agua mineral (F) | mineral water |
| la cerveza de barril/en botella | draught/bottled beer |
| el vino blanco/tinto/rosado | white/red/rosé wine |
| la botella de vino | bottle of wine |
| la jarra de agua | jug of water |
| el aperitivo | aperitif |
| las tapas | tapas |
| la ración | portion (of tapas) |
| el bocadillo | baguette sandwich |
| el plato del día | today's special |
| el plato principal | main course |
| el primer plato | first course |
| el segundo plato | second/main course |
| las especialidades regionales | local specialities |
| la cocina casera | home cooking |
| el menú del día | set menu |
| los entrantes | starters |
| la ensalada de tomates | tomato salad |
| la sopa | soup |
| las verduras | vegetables |
| el arroz | rice |
| la(s) carne(s) | meat dishes |
| los pescados | fish dishes |
| la chuleta | chop |
| el filete | steak |
| el queso | cheese |
| el postre | dessert |
| la fruta | fruit |
| el pastel | cake |
| el helado | ice cream |
| la salsa | sauce |
| la mostaza | mustard |
| el aceite | oil |
| el vinagre | vinegar |
| el pan | bread |
| el vaso | glass |

| la servilleta | napkin |
| el sabor | flavour |
| la cuenta | bill, check |
| la propina | tip |
| el camarero/la camarera | waiter/waitress |

| poco hecho/hecha | very rare |
| muy hecho/hecha | well-done |
| a punto | medium |
| asado/asada | roasted |
| para llevar | to take away |

| pedir | to order |
| querer | to want |
| probar | to try/taste |
| pagar | to pay |
| reservar | to book |
| servir | to serve |

| servicio incluido | service included |
| ¿les han tomado la nota? | have you already ordered? |
| ¿les tomo la nota? | shall I take your order? |
| ¿qué vas a tomar? | what are you having? |
| me apetece...? | I fancy... |
| ¿les apetece...? | do you feel like having...? |
| voy a tomar calamares | I'm going to have the squid |
| le recomiendo... | I recommend... |
| ¡camarero!/¡camarera! | waiter!/waitress! |

## Language in action

- Buenas noches, señores. ¿Les han tomado ya la nota?
- No, aún no. ¿Qué vas a tomar, Agustín?
- Quiero una sopa de cocido de primero y de segundo unas chuletas de cordero.
- Muy bien. ¿Y la señora qué desea?
- Yo voy a tomar una merluza a la plancha y de primero...¿qué entrantes tiene?
- Tenemos ensaladas, entremeses... o el plato del día: un marmitako riquísimo.
- ¿Marmitako? No lo he probado nunca.
- Es una especialidad regional. Se lo recomiendo.
- Vale, marmitako entonces.
- ¿Les apetece una ración de algo mientras esperan?
- Sí, ponga una ración de gambas.
- ¿Y de beber?
- Traiga una botella de vino tinto con la comida y de aperitivo dos cervezas de barril.

| | |
|---|---|
| el edificio | *building* |
| el ayuntamiento | *town hall* |
| la oficina de turismo | *tourist information office* |
| la estación (de tren) | *(railway) station* |
| la estación de autobuses | *bus/coach station* |
| la estación de metro | *underground station, subway station* |
| la boca de metro | *underground entrance* |
| el hospital | *hospital* |
| el ambulatorio | *health centre* |
| la oficina de correos | *post office* |
| el banco | *bank* |
| la biblioteca | *library* |
| el colegio | *school* |
| el instituto | *secondary school, high school* |
| la universidad | *university* |
| el castillo | *castle* |
| la torre | *tower* |
| la iglesia | *church* |
| la catedral | *cathedral* |
| el monasterio | *monastery* |
| la mezquita | *mosque* |
| la sinagoga | *synagogue* |
| el hotel | *hotel* |
| la pensión | *guesthouse* |
| el albergue juvenil | *youth hostel* |
| el bloque de casas | *block of flats* |
| la oficina | *office* |
| la fábrica | *factory* |
| el centro comercial | *shopping centre, shopping mall* |
| la tienda | *shop* |
| el mercado | *market* |
| el museo | *museum* |
| el teatro | *theatre* |
| el teatro de la ópera | *opera house* |
| el cine | *cinema* |
| la piscina | *swimming pool* |
| el estadio deportivo | *sports stadium* |
| la plaza de toros | *bullring* |
| la plaza mayor | *main square* |
| el parque | *park* |

| el puente | bridge |
| la judería | old Jewish quarter |
| | |
| viejo/vieja | old |
| antiguo/antigua | old, ancient |
| moderno/moderna | modern |
| público/pública | public |
| bello/bella | beautiful |
| maravilloso/maravillosa | wonderful |
| feo/fea | ugly |
| impresionante | impressive |
| elegante | elegant |
| histórico/histórica | historic |
| iluminado/iluminada | floodlit |
| enorme, immenso/ immensa | huge |
| pintoresco/pintoresca | picturesque |
| | |
| encontrar | to find, come across |
| encontrarse | to be |
| ver | to see |
| visitar | to visit |
| llegar | to arrive |
| destacar | to stand out |
| | |
| estar situado/situada | to be situated |
| hacer turismo | to see the sights |
| monumento histórico | historic monument |
| abierto al público | open to the public |

## Language in action

Esta pequeña y pintoresca ciudad, llena de bellos monumentos históricos, fue en época medieval un importante centro comercial. Lo más fácil es llegar en tren. De la estación, la Avenida de la Rosaleda lleva a la plaza mayor, donde está situada la mezquita, la principal atracción de la ciudad.
Al lado de la mezquita se encuentra la catedral, abierta al público sólo por las mañanas. Al norte de la plaza mayor está la judería, una zona de calles estrechas, poco iluminadas y llenas de tiendas de artesanía tradicional, que aún conserva su carácter antiguo. De aquí merece la pena visitar la sinagoga. Siguiendo por la calle Mayor se llega al río, y de ahí, siguiendo el paseo del río, se llega al castillo, un enorme edificio de época medieval con la impresionante Torre de los Condenados. Entre los museos, destacan el Museo Arqueológico y el Museo de Manuscritos.
La ciudad tiene muchos restaurantes de calidad no muy caros. En las calles cercanas al ayuntamiento, en el casco antiguo de la ciudad, hay numerosos hoteles y pensiones económicas.

| la ciudad | town, city |
| el pueblo | village |
| el barrio | neighbourhood/district |
| el barrio periférico | suburb |
| el centro de la ciudad | town centre |
| el lugar | place |
| la calle | street |
| el bulevar/la avenida | wide street/avenue |
| la carretera de circunvalación | bypass, ring road, beltway |
| la rotonda | roundabout, traffic circle |
| el cruce | crossroads |
| el puente | bridge |
| el camino | lane/path/way |
| la plaza | square |
| la calle/la zona peatonal | pedestrian street/precinct |
| la fuente | fountain |
| el banco | bench |
| la papelera | litter bin |
| la farola | street lamp |
| el buzón de correos | postbox |
| la cabina telefónica | telephone box/booth |
| la parada del autobús | bus stop |
| la acera | pavement, sidewalk |
| el bordillo (de la acera) | kerb |
| la esquina | corner |
| el paso de peatones | pedestrian crossing |
| el paso de cebra | zebra crossing |
| el paso subterráneo | pedestrian subway/ underpass |
| la circulación | traffic |
| el semáforo | traffic lights/signals |
| el embotellamiento | traffic jam |
| el parking (subterráneo) | (underground) car park |
| el parque | park |
| el muro | wall |
| la valla | fence |
| la puerta | door |
| la verja | gate |
| la entrada | entrance |
| | |
| perderse | to get lost |
| preguntar | to ask |
| buscar | to look for |

| | |
|---|---|
| encontrar | to find |
| ir | to go |
| conducir | to drive |
| cruzar | to cross |
| seguir | to continue |
| pasar | to go past |
| girar | to turn (off) |
| tomar | to take |
| | |
| lejos (de) | far (from) |
| cerca (de) | close (to) |
| entre | between |
| debajo de | under |
| encima de | over |
| delante de | in front of |
| detrás de | behind |
| enfrente de | opposite |
| allí/ahí | over there |
| | |
| ir a pie, ir andando | to walk, go on foot |
| ir a dar un paseo | to go for a walk |
| estar perdido/perdida | to be lost |
| no está lejos | it's not far |
| está muy cerca de aquí | it's really close to here |
| está al lado de | it's next to |
| seguir hasta | to go as far as |
| está a la derecha/a la izquierda | on the right/left |
| girar a la derecha/a la izquierda | to turn right/left |
| la segunda bocacalle | the second turning |

## Language in action

- ¿Podría recomendarnos un buen hotel?
- El hotel 'Mirador' está muy cerca del centro.
- ¿Cómo se llega al hotel en coche desde aquí?
- Siga esta calle todo recto, tome la segunda bocacalle a la izquierda y, al llegar al semáforo, gire a la derecha. Llegará a una plaza con una fuente, el hotel está entre una cafetería y la oficina de correos.
- ¿Y cómo podemos ir a la catedral desde el hotel?
- Cuando salgan del hotel tuerzan a la derecha y sigan la calle todo recto, pasen el parque y luego tomen la primera calle a la izquierda. Allí está la catedral, justo al final de la calle.

| | |
|---|---|
| el banco | bank |
| la caja de ahorros | savings bank |
| la oficina | office |
| la sucursal | branch |
| la oficina de correos | post office |
| el empleado/la empleada | counter assistant |
| el cajero/la cajera | cashier |
| la ventanilla | counter (in bank, post office) |
| el mostrador | desk |
| la cuenta bancaria | bank account |
| la cuenta de ahorros | savings account |
| el número de cuenta | account number |
| el saldo | balance |
| el depósito | deposit |
| el dinero | money |
| el billete (de banco) | (bank)note, bill (US) |
| la moneda | coin, piece, bit (US) |
| el cambio | change |
| la libra (esterlina) | pound (sterling) |
| el talonario de cheques/la chequera | chequebook |
| el cheque/el talón | cheque |
| el cheque de viaje | traveller's cheque |
| la tarjeta bancaria | bank card |
| la tarjeta de crédito | credit card |
| el cajero automático | cashpoint |
| el préstamo | loan |
| la firma | signature |
| el correo | mail, post |
| el buzón (de correos) | postbox |
| el cartero/la cartera | postman/-woman, mailman/-woman |
| la recogida del correo | postal collection |
| el sobre (acolchado) | (padded) envelope |
| la tarjeta (postal) | postcard |
| el/la remitente | sender |
| las señas, la dirección | address |
| el franqueo postal | postage |
| el sello | stamp |
| la carta | letter |
| el giro postal | postal order |
| el paquete | parcel, package |

| | |
|---|---|
| la tarjeta telefónica | *phonecard* |
| el impreso de solicitud | *application form* |
| el formulario | *form* |
| el folleto | *leaflet* |
| la fotocopia | *photocopy* |
| | |
| certificado/certificada | *registered* |
| franqueado/franqueada | *stamped* |
| urgente | *express* |
| | |
| cancelar | *to cancel* |
| escribir | *to write* |
| rellenar | *to fill in* |
| firmar | *to sign* |
| pedir prestado/prestada | *to borrow* |
| enviar, mandar | *to send* |
| comunicar | *to inform* |
| pesar | *to weigh* |
| reembolsar | *to repay* |
| recibir | *to receive, get* |
| | |
| horario de apertura | *opening hours* |
| sacar dinero | *to withdraw money* |
| datos bancarios | *bank account details* |
| extender un cheque/un talón | *to make out a cheque* |
| cobrar un cheque/un talón | *to cash a cheque* |
| pedir consejo | *to ask for advice* |
| poner sello(s) a | *to stamp* (*letter*) |
| enviar por correo/ mandar por correo | *to post* |
| correo certificado | *registered post* |
| con acuse de recibo | *by recorded delivery* |
| al extranjero | *abroad* |
| repartir el correo | *to deliver the mail* |

## Language in action

Si desea abrir una cuenta en nuestro banco, por favor rellene el impreso de solicitud que le enviamos con este folleto. Escriba sus datos sin olvidarse de poner su NIF. Luego envíe la solicitud por correo a las señas indicadas, junto con un cheque firmado por usted, para realizar el depósito inicial, y una prueba de identificación (fotocopia del carnet de identidad). Al recibirlo, nosotros le comunicaremos su número de cuenta y le mandaremos una tarjeta con la que podrá retirar dinero en nuestros más de 3.000 cajeros automáticos. Asimismo, cada mes le enviaremos un saldo de su cuenta.

| | |
|---|---|
| el coche | car |
| el taxi | taxi |
| el camión (articulado) | (articulated) truck |
| la furgoneta | van, delivery truck |
| la caravana, la roulotte | caravan, trailer (US) |
| la motocicleta, la moto* | motorbike |
| el ciclomotor | moped |
| la bicicleta, la bici* | bike |
| la bicicleta de montaña | mountain bike |
| el transporte público | public transport |
| el autobús | bus |
| el autocar/el coche de línea | coach |
| el tranvía | tram |
| el tren | train |
| el tren de alta velocidad | high-speed train |
| el AVE | high-speed train |
| el TALGO | express train |
| el eurotúnel | the channel tunnel |
| el vagón | coach (of train) |
| el metro | underground, subway |
| el andén | platform |
| la estación de ferrocarril/de metro | railway/underground/subway station |
| el puente aéreo | shuttle |
| la barca | boat |
| el ferry | ferry |
| el barco | ship |
| el avión | aeroplane |
| la autopista | motorway, freeway |
| la autovía | dual carriageway, divided highway |
| la carretera nacional | A road |
| la vía de acceso | slip road |
| el desvío | road, turning |
| el carril | lane (on road) |
| el viaje | journey |
| la distancia | distance |
| el destino | destination |
| el mapa de carreteras | road map |
| la velocidad | speed/gear |
| la marcha | gear |
| el conductor/la conductora | driver |

| el pasajero/la pasajera | *passenger* |
| el/la autoestopista | *hitchhiker* |
| el código de la circulación | *highway code* |
| la gasolinera | *petrol station, gas station* |
| la estación de servicio | *(motorway) services* |
| el área de estacionamiento | *parking area* |

| viajar | *to travel* |
| salir | *to leave, set off* |
| llegar | *to arrive* |
| llevar (a) | *to take (to)* |
| dirigirse a | *to make for (a place)* |
| conducir | *to drive* |
| parar | *to stop* |
| aparcar | *to park* |
| montarse | *to get on* |
| bajarse | *to get off* |

| viajar en tren/en autobús | *by train/bus* |
| ir a pie, ir andando | *to walk, go on foot* |
| ir en avión/en coche/en bici | *to go by plane/car/bike* |
| coger el ferry | *to take the ferry* |
| viajar a 100 kilómetros por hora | *to travel at 100 kilometres an hour* |
| hacer autostop | *to hitchhike* |
| la hora punta | *the rush hour* |

## Language in action

### Cómo llegar al Monasterio del Escorial desde Madrid

**En tren:** Para ir al Monasterio de San Lorenzo del Escorial puede coger un tren dirección a Ávila desde la estación de ferrocarril de Chamartín (en la estación de metro de Chamartín) y bajarse en San Lorenzo del Escorial. También puede coger un tren directo desde Atocha (en la estación de metro de Atocha). Desde la estación, puede coger un autobús que le lleva hasta el pueblo, o si lo prefiere, puede ir andando, aunque el camino es largo y en cuesta.

**En coche:** Salga de Madrid por la autovía A-6 de la Coruña (puede llegar a ella por la carretera de circunvalación M-40 desde cualquier punto de Madrid). Pasado 'El Plantío' puede tomar el desvío para la carretera comarcal 505 hacia Galapagar y San Lorenzo del Escorial, o bien puede seguir por la autovía A-6 hasta Guadarrama y allí tomar la comarcal 600 hacia San Lorenzo del Escorial.

**En coche de línea:** Hay coches de línea que salen de la Estación Autobuses Moncloa (Calle Princesa, metro Moncloa) y que llevan directamente hasta el Monasterio.

| | |
|---|---|
| la rueda | wheel |
| la rueda delantera/trasera | front/rear wheel |
| la rueda de repuesto | spare wheel |
| el neumático | tyre |
| la puerta | door |
| la ventanilla | window |
| el parabrisas | windscreen, windshield |
| el limpiaparabrisas | windscreen wiper |
| el parachoques | bumper, fender |
| el faro | headlight |
| el piloto | sidelight |
| el indicador | indicator/gauge |
| las luces de freno | brake lights |
| el capó | bonnet, hood |
| el maletero | boot, trunk |
| el motor | engine |
| la batería | battery |
| el tubo de escape | exhaust (pipe) |
| el radiador | radiator |
| el depósito de la gasolina | fuel tank, gas tank |
| la gasolina (sin plomo) | (unleaded) petrol/gas |
| el diesel/el gasóleo | diesel |
| el aceite | oil |
| el anticongelante | antifreeze |
| el líquido de frenos | brake fluid |
| el asiento delantero | front seat |
| el asiento trasero | back seat |
| el cinturón de seguridad | seatbelt |
| el volante | steering-wheel |
| la dirección | steering |
| el freno | brake |
| el freno de mano | handbrake |
| el acelerador | accelerator |
| la marcha | gear |
| la palanca de cambio | gearstick |
| el embrague | clutch |
| la radio del coche | car radio |
| el salpicadero | dashboard |
| el cuadrante | dial |
| la señal luminosa | warning light |
| el retrovisor | rearview mirror |
| el impuesto de circulación | road tax disc |
| el permiso de conducir | driving/driver's licence |

| | |
|---|---|
| la documentación del coche | car registration papers |
| la revisión | service |
| la ITV | MOT |
| la caja de las herramientas | toolbox |
| el gato | jack |
| la llave inglesa | spanner |
| el manual | manual |
| la avería | breakdown |
| el garaje | garage |
| el mecánico | mechanic |
| la grúa | breakdown truck |
| la pieza de recambio | spare part |
| | |
| nuevo/nueva | new |
| estropeado/estropeada | broken-down |
| gastado/gastada | worn |
| rápido/rápida | fast |
| rápido | fast, quickly |
| veloz | fast |
| lento/lenta | slow |
| lento | slowly |
| deprisa | quickly |
| | |
| conducir | to drive |
| arrancar | to start |
| frenar | to brake |
| arreglar/reparar | to repair |
| revisar | to check |
| | |
| hacer un ruido | to make a noise |
| tener una avería | to break down |
| he pinchado | I've got a flat tyre |
| cambiar una rueda | to change a wheel |
| el coche no arranca | the car won't start |
| la batería está descargada | the battery's flat |
| tener un accidente de coche | to have a car accident |
| de segunda mano | second-hand |
| estar en muy buen estado | to be in very good condition |
| la revisión de los 5.000 kilómetros | the 5,000 kilometre service |
| pasar la ITV | to pass the MOT |

| | |
|---|---|
| el campo | country(side)/field |
| el paisaje | landscape |
| el pueblo | village |
| la aldea | hamlet |
| la montaña | mountain |
| la colina | hill |
| el río | river |
| la ribera | riverbank |
| el arroyo | stream |
| el lago | lake |
| el estanque | pond |
| el camino | path, track |
| el sendero | footpath |
| el bosque | wood/forest |
| el huerto de verduras | vegetable garden |
| el huerto de naranjos | orange grove |
| el árbol (frutal) | (fruit) tree |
| la tierra | earth/soil/land |
| el terreno | plot of land |
| el prado | meadow |
| el seto | hedge |
| la verja | gate |
| la finca | estate |
| la casa de labranza | farmhouse |
| el corral | farmyard |
| el establo | stable |
| el granero | barn |
| la agricultura | farming/agriculture |
| el agricultor/la agricultora | farmer |
| el campesino/la campesina | peasant |
| el jornalero/la jornalera | day labourer |
| la viña | vineyard |
| el vinicultor | winegrower |
| la hierba | grass |
| la flor silvestre | wild flower |
| el heno | hay |
| el trigo | wheat |
| el maíz | maize, corn |
| la cebada | barley |
| el centeno | rye |
| la paja | straw |
| el cultivo | crop |
| la cosecha | harvest/crop |

| los animales de granja | farm animals |
| la ganadería | cattle breeding |
| el ganado | cattle |
| la vaca | cow |
| el buey | bullock/ox |
| el toro | bull |
| el cordero | lamb |
| la oveja | sheep |
| la cabra | goat |
| el cerdo/la cerda | pig |
| la gallina | hen |
| el gallo | cock |
| el pollo | chicken |
| el pato/la pata | duck |
| el caballo | horse |
| el burro/la burra | donkey |
| los productos agrícolas | farm produce |
| las labores del campo | farm work |
| el tractor | tractor |
| la cosechadora | combine harvester |
| el remolque | trailer |
| la herramienta | tool |
| | |
| recoger | to pick, gather |
| cosechar | to harvest |
| vendimiar | to harvest (grapes) |
| dar de comer a | to feed |
| ordeñar | to milk |

## Language in action

- ¿Qué tal las vacaciones, Carlos?
- He pasado las vacaciones trabajando en una casa de labranza en Navarra. Estaba en una aldea pequeña con un arroyo. La granja estaba en una colina y desde allí se veía un paisaje magnífico.
- ¿Y dónde estabas viviendo?
- En la misma casa. El alojamiento y la comida eran gratis, pero teníamos que ayudar con las labores del campo.
- ¿Qué tipo de cosas tenías que hacer?
- Dar de comer a los animales o recoger la fruta. La familia tenía un huerto de verduras y árboles frutales. Los alimentos eran muy buenos. Todos productos naturales de la tierra.
- ¿Había también animales?
- Solo algunos animales de granja: gallinas, un par de cerdos y una vaca. No eran ganaderos. Un día intenté ordeñar a la vaca ¡pero era muy difícil!
- ¿Había mucha gente como tú allí?
- Había mucha gente vendimiando, aunque muchos eran jornaleros.

| | |
|---|---|
| el león/la leona | lion |
| el tigre/la tigresa | tiger |
| el elefante/la elefanta | elephant |
| el mono/la mona | monkey |
| el/la gorila | gorilla |
| la jirafa | giraffe |
| el hipopótamo | hippopotamus |
| el rinoceronte | rhinoceros |
| la cebra | zebra |
| el oso/la osa | bear |
| el lobo/la loba | wolf |
| el zorro/la zorra | fox |
| el búho | owl |
| la liebre | hare |
| el conejo/la coneja | rabbit |
| el ratón | mouse |
| la rata | rat |
| la ardilla | squirrel |
| el ciervo/la cierva | deer |
| el pez | fish |
| la ballena | whale |
| el tiburón | shark |
| el delfín | dolphin |
| la estrella de mar | starfish |
| el pulpo | octopus |
| el pájaro | bird |
| el buitre | vulture |
| el águila (f) | eagle |
| el cuervo | crow |
| el mirlo | blackbird |
| la alondra | lark |
| el petirrojo | robin |
| el gorrión | sparrow |
| la golondrina | swallow |
| la serpiente | snake |
| la rana | frog |
| el lagarto | lizard |
| el pico | beak |
| el hocico | snout |
| la cola | tail |
| el ala (f) | wing |
| la pata | leg |
| la pezuña | hoof |

| la garra | claw |
| la pluma | feather |
| el pelaje | fur |
| la huella | pawprint/hoofmark |

| ágil | agile |
| veloz | fast |
| lento/lenta | slow |
| agresivo/agresiva | aggressive |
| dócil | docile |
| tímido/tímida | shy |
| peludo/peluda | hairy/furry |
| herbívoro/herbívora | herbivorous |
| carnívoro/carnívora | carnivorous |
| diurno/diurna | diurnal |
| nocturno/nocturna | nocturnal |

| cazar | to hunt |
| pescar | to fish |
| vivir | to live |
| habitar | to inhabit |
| correr | to run |
| volar | to fly |
| oler | to smell |
| oír | to hear |
| esconderse | to hide |
| huir | to escape |
| seguir | to follow |

| animal salvaje | wild animal |
| estar al borde de la extinción | to be on the verge of extinction |
| ser una especie protegida | to be a protected species |
| seguir la pista de | to follow the track of |

## Language in action

En los montes españoles habitan aún muchos animales salvajes, como por ejemplo el ciervo, el lobo, el zorro o la cabra montesa, y también animales nocturnos como el búho. No es fácil verlos, ya que en general son animales tímidos que se esconden o huyen al oír u oler a los humanos. Pero a veces se pueden descubrir sus huellas en el barro. También pueden a veces verse ejemplares de águila o de buitre volando en el cielo. Hace unos años el águila real estaba en vías de extinción, por lo que ahora es una especie protegida y está prohibido cazarla. En algunos parques nacionales del norte de España quedan todavía ejemplares de oso, aunque este animal puede volverse agresivo, por lo que hay que tener cuidado al observarlo.

| | |
|---|---|
| la flor | *flower* |
| el árbol (frutal) | *(fruit) tree* |
| el arbusto | *bush* |
| el capullo | *bud* |
| el pétalo | *petal* |
| el tallo | *stem* |
| la hoja | *leaf* |
| el follaje | *foliage* |
| la raíz | *root* |
| el tronco | *trunk* |
| la rama | *branch* |
| la corteza | *bark* |
| la planta | *plant* |
| la semilla | *seed* |
| el esqueje | *cutting* |
| el polen | *pollen* |
| la rosa | *rose* |
| el rosal | *rosebush* |
| el clavel | *carnation* |
| el geranio | *geranium* |
| el crisantemo | *chrysanthemum* |
| el pensamiento | *pansy* |
| el narciso | *daffodil* |
| el tulipán | *tulip* |
| la azucena | *lily* |
| la margarita | *daisy, marguerite* |
| la primavera | *primrose* |
| la violeta | *violet* |
| el lirio | *iris* |
| la amapola | *poppy* |
| la orquídea | *orchid* |
| la azalea | *azalea* |
| la hortensia | *hydrangea* |
| la lila | *lilac* |
| el pino | *pine tree* |
| el roble | *oak tree* |
| el olmo | *elm tree* |
| el abedul | *birch tree* |
| el haya | *beech tree* |
| el fresno | *ash tree* |
| el abeto | *fir tree* |
| el sauce (llorón) | *(weeping) willow* |
| el manzano | *apple tree* |

| | |
|---|---|
| el peral | *pear tree* |
| el cerezo | *cherry tree* |
| el almendro | *almond tree* |
| el castaño | *chestnut tree* |
| el olivo | *olive tree* |
| la maceta | *flower pot* |
| | |
| fresco/fresca | *cool* |
| seco/seca | *dry* |
| frondoso/frondosa | *leafy* |
| soleado/soleada | *sunny* |
| protegido/protegida | *sheltered* |
| húmedo/húmeda | *damp, moist* |
| | |
| plantar | *to plant* |
| sembrar | *to sow* |
| regar | *to water* |
| cortar | *to cut* |
| podar | *to prune* |
| propagar | *to propagate* |
| oler (a) | *to smell (of)* |
| | |
| en flor | *in blossom* |
| coger flores/fruta | *to pick flowers/fruit* |
| dar sombra | *to give shade* |
| planta de hoja perenne/ de hoja caduca | *evergreen/deciduous plant* |
| planta de interior/de exterior | *houseplant/outdoor plant* |
| al sol | *in the sun* |
| a la sombra | *in the shade* |

## Language in action

### Viburnum

Algunas especies de esta planta son de hoja caduca y otras de hoja perenne. Son plantas frondosas. Algunas producen flores grandes y otras dan frutos. Otras tienen hojas que toman de preciosas tonalidades en otoño. El viburnum prefiere estar a pleno sol, en suelo no muy húmedo pero que tampoco llegue a estar seco en verano. Durante los inviernos secos, debe regarse frecuentemente. Sin embargo, también tolera bien que se la plante en una maceta grande y en un rincón que tenga un poco de sombra. Debe podarse en invierno, para quitar las ramas secas y viejas. Es posible propagar esta planta cortando esquejes en verano.

| | |
|---|---|
| el deporte | sport |
| el aerobic | aerobics |
| el jogging | jogging, running |
| el atletismo | athletics |
| la natación | swimming |
| el fútbol | football |
| el rugby | rugby |
| el hockey (sobre hielo) | (ice) hockey |
| el squash | squash |
| el béisbol | baseball |
| el críquet | cricket |
| el baloncesto | basketball |
| el balonmano | handball |
| el boxeo | boxing |
| el ciclismo | cycling |
| el golf | golf |
| el tenis | tennis |
| la vela | sailing |
| el windsurf | windsurfing |
| el salto de longitud/ de altura | long/high jump |
| la carrera | race |
| la carrera de fondo | long-distance race |
| la carrera de obstáculos | steeplechase |
| las artes marciales | martial arts |
| el judo | judo |
| el patinaje sobre hielo | ice-skating |
| el patinaje sobre ruedas | roller-skating |
| la equitación | horseriding |
| el centro deportivo | sports centre |
| la piscina | swimming pool |
| las vallas | hurdles |
| el campo (de fútbol) | football pitch |
| la cancha (de baloncesto) | basketball court |
| la cancha/la pista de tenis | tennis court |
| la pelota | ball |
| el balón | ball (football, basketball) |
| el bate | bat |
| la raqueta | racket |
| el palo de golf | golf club (implement) |
| la tabla de surf | surfboard |
| los patines de ruedas | roller skates |
| los patines de hielo | ice skates |

| | |
|---|---|
| los patines en línea | *Rollerblades* |
| las zapatillas de deporte | *trainers* |
| las botas de fútbol | *football boots* |
| la bicicleta (de montaña) | *(mountain) bike* |
| las pesas | *weights* |
| | |
| favorito/favorita | *favourite* |
| cansado/cansada | *tired* |
| agotado/agotada | *exhausted* |
| | |
| correr | *to run* |
| saltar | *to jump* |
| lanzar | *to throw* |
| chutar | *to shoot* |
| entrenar | *to train* |
| | |
| hacer deporte | *to do sports* |
| practicar un deporte | *to play a sport* |
| participar en una carrera | *to take part in a race* |
| jugar al fútbol/tenis | *to play football/tennis* |
| ser un inútil para los deportes | *to be useless at sports* |
| ser deportista | *to be keen on sport* |
| tener agujetas | *to be stiff, to ache* |
| tengo agujetas en las piernas | *my legs are stiff, my legs ache* |

## Language in action

- ¡Vaya ése ha sido un buen partido! ¿Qué tal? ¿Cómo te sientes? ¿Cansado?
- ¿Cansado? Estoy agotado. Nunca he corrido tanto. Y para nada, juego muy mal y nunca consigo darle a la pelota con la raqueta. ¿Y tú? ¿No estás cansada?
- No, en absoluto. Estoy perfectamente. Esto es muy bueno para la salud.
- ¿Bueno para la salud? No estoy tan seguro. Yo me siento fatal.
- No te preocupes. Ahora hacemos media hora de natación y verás como te sientes mejor.
- ¡¿Media hora de natación?! ¡Tú estás loca! Si hago todo eso mañana voy a tener agujetas por todas partes.
- Tonterías. El deporte es muy sano. Si hicieses ejercicio regularmente, te sentirías mucho mejor. Yo por ejemplo hago jogging, natación y una hora de gimnasia todos los días. Mañana juego al baloncesto con mis compañeros de trabajo. ¿Por qué no vienes? Nada mejor para el estrés que encestar unas canastas.
- ¿Sí? Pues yo tengo estrés sólo de pensarlo. Mejor no, gracias. Soy un inútil para el baloncesto, y además creo que he descubierto que no soy muy deportista.

| | |
|---|---|
| el partido | match |
| el equipo | team |
| el árbitro/la árbitra | referee |
| el/la juez de silla | umpire |
| el entrenador/ la entrenadora | coach, trainer |
| el capitán/la capitana | captain |
| el jugador/la jugadora | player |
| el futbolista/la futbolista | footballer |
| el portero/la portera | goalkeeper |
| el espectador/ la espectadora | spectator |
| el aficionado/la aficionada | supporter |
| el/la hincha | football fan |
| la amonestación | warning |
| la falta | foul |
| el penalti | penalty |
| el estadio | stadium |
| la portería | goal (the posts) |
| la red | net |
| la pelota | ball |
| el gol | goal (score) |
| el punto | point |
| el resultado | result |
| el empate | draw |
| la victoria | victory |
| la copa | cup |
| la medalla | medal |
| el torneo | tournament |
| la competición | competition |
| la eliminatoria | heat |
| la final | final |
| el enfrentamiento | confrontation |
| el/la finalista | finalist |
| el campeón/la campeona | champion |
| el vencedor/la vencedora | winner |
| el/la rival | opponent |
| la defensa | defence |
| el delantero/la delantera | forward |
| la temporada | season |
| emocionante | exciting |
| duro/dura | hard, tough |

| | |
|---|---|
| agotador/agotadora | *exhausting* |
| popular | *popular* |
| vencedor/vencedora | *winning* |
| perdedor/perdedora | *losing* |
| | |
| jugar | *to play* |
| ganar | *to win* |
| derrotar (a)/vencer (a) | *to defeat* |
| eliminar | *to eliminate* |
| empatar (con) | *to draw (with)* |
| perder | *to lose* |
| atacar | *to attack* |
| correr | *to run* |
| participar | *to participate* |
| entrenar | *to train* |
| expulsar (a) | *to expel* |
| chutar | *to shoot* |
| encestar | *to score a basket* |
| marcar | *to score* |
| correr | *to run* |
| | |
| frente a | *against* |
| tomar parte | *to take part* |
| empatar a uno | *to draw one all* |
| llegar a la semifinal | *to reach the semi-final* |
| cometer una falta | *to foul* |
| pitar penalti | *to award a penalty* |
| ser hincha de un equipo | *to support a team* |
| batir un récord | *to break a record* |
| ¿cómo va el marcador? | *what's the score?* |

## Language in action

El partido del próximo domingo va a ser realmente apasionante: el enfrentamiento entre los dos grandes rivales: el Barça y el Real Madrid. De los dos equipos el favorito es el Madrid, pero no hay que olvidar la victoria del Barça frente al Bayer de Munich la semana pasada, cuando el delantero centro marcó un gol de penalti. Y el Barça cuenta con el mejor portero. Sin embargo casi todo el mundo piensa que el Madrid tiene más posibilidades de pasar a la semi-final. Tiene mejores delanteros y la defensa del Barça, en estos momentos, no es tan buena y comete muchas faltas. Además, el Madrid no pierde normalmente si juega en casa. Pero, personalmente creo que el Barça no sólo ganará este partido, sino que además se llevará la copa este año. Mi pronóstico para este partido es dos a uno con el Barça vencedor, o quizás empate a dos. Lo que es seguro es que gane quien gane los hinchas no quedarán decepcionados.

| | |
|---|---|
| el ejercicio | *exercise* |
| la gimnasia de mantenimiento | *keep-fit* |
| el aerobic | *aerobics* |
| el jogging, el footing | *jogging* |
| el calentamiento | *warm-up* |
| el gimnasio | *gym* |
| los artículos deportivos/ los aparatos | *sports equipment* |
| la colchoneta | *the mat* |
| las pesas | *the weights* |
| las abdominales | *sit-ups* |
| las flexiones (de brazos) | *press-ups* |
| las flexiones (de piernas) | *squats* |
| el físico | *physique/figure* |
| la figura | *figure* |
| el corazón | *heart* |
| el músculo | *muscle* |
| la dieta, el régimen | *diet* |
| la fruta | *fruit* |
| la verdura | *vegetables* |
| los dulces | *sweet things* |
| los hidratos de carbono | *carbohydrates* |
| las calorías | *calories* |
| las proteínas | *proteins* |
| la vitamina | *vitamin* |
| la(s) grasa(s) | *fat(s)* |
| el colesterol | *cholesterol* |
| el azúcar | *sugar* |
| la sacarina | *saccharin* |
| la adicción | *addiction* |
| el consumo de drogas | *drug addiction* |
| el drogadicto/la drogadicta | *drug addict* |
| el tobacco | *tobacco* |
| la nicotina | *nicotine* |
| el alquitrán | *tar* |
| la droga | *drug* |
| el alcohol | *alcohol* |
| el fumador/la fumadora | *smoker* |
| el alcohólico/la alcohólica | *alcoholic* |
| sano/sana | *healthy* |
| firme | *firm* |
| grueso/gruesa | *stout/thick* |

| | |
|---|---|
| gordo/gorda | fat |
| delgado/delgada | thin |
| fofo/fofa | flabby |
| anoréxico/anoréxica | anorexic |
| bulímico/bulímica | bulimic |
| cansado/cansada | tired |
| débil | weak |
| fuerte | strong |
| nutritivo/nutritiva | nutritious |
| enfermo/enferma | sick, ill |
| | |
| engordar | to put on weight |
| adelgazar | to lose weight |
| esforzarse | to exert oneself |
| fumar | to smoke |
| beber | to drink |
| drogarse | to take drugs |
| | |
| una vida sana | a healthy lifestyle |
| hacer deporte | to do sports |
| hacer gimnasia | to do exercises |
| ejercicios de elasticidad/ estiramiento | suppleness/stretching exercises |
| ejercicios de relajación | relaxation exercises |
| hacer flexiones | to do press-ups/squatting exercises |
| ir a pie/en bicicleta al trabajo | to walk/cycle to work |
| estar bien/mal de salud | to be in good/bad health |
| estar en forma | to be fit |
| no estar en forma | to be unfit |
| el régimen de adelgazamiento | weight-loss diet |
| hacer dieta | to be on a diet |
| ponerse a dieta | to go on a diet |
| el contenido en grasa | the fat content |
| los alimentos biológicos | organic food |
| los alimentos grasos | fatty food |
| dejar de fumar | to stop smoking |

## Language in action

Los pilotos deben mantenerse en buena forma y para ello la dieta
es fundamental. En general no siguen un régimen muy estricto,
pero cuidan su alimentación, y procuran evitar algunos alimentos.
Los hidratos de carbono, las proteínas y el hierro forman parte de
la dieta habitual. El alcohol y el tabaco están absolutamente
prohibidos.

| | |
|---|---|
| la gripe | *flu* |
| el catarro, el resfriado, el constipado | *cold* |
| la fiebre | *temperature* |
| la tos | *cough* |
| el dolor de cabeza | *headache* |
| el dolor de garganta | *sore throat* |
| el dolor de muelas | *toothache* |
| el dolor de estómago | *stomach ache* |
| la indigestión | *indigestion* |
| la diarrea | *diarrhoea* |
| la alergia | *allergy* |
| la enfermedad contagiosa | *contagious illness* |
| la hepatitis | *hepatitis* |
| el sida/SIDA | *Aids* |
| el sarampión | *measles* |
| la rubeola, la rubéola | *German measles* |
| la varicela | *chickenpox* |
| el accidente | *accident* |
| la fractura | *fracture* |
| la escayola | *plaster cast* |
| el corte | *cut* |
| la herida | *wound* |
| la torcedura | *sprain* |
| la quemadura | *burn* |
| la inflamación | *inflammation* |
| la operación | *operation* |
| el transplante (de corazón/ de riñón) | *(heart/kidney) transplant* |
| la anestesia | *anaesthesia* |
| los puntos | *stitches* |
| la transfusión de sangre | *blood transfusion* |
| la quimioterapia | *chemotherapy* |
| el cáncer (de pulmón/de mama) | *(lung/breast)cancer* |
| el infarto | *heart attack* |
| el derrame cerebral | *stroke* |
| la apendicitis | *appendicitis* |
| la hemorragia | *haemorrhage* |
| el hueso | *bone* |
| la sangre | *blood* |
| la piel | *skin* |
| el músculo | *muscle* |

| | |
|---|---|
| enfermo/enferma | ill |
| herido/herida | injured |
| roto/rota | broken |
| grave | serious |
| inconsciente | unconscious |
| muerto/muerta | dead |
| | |
| enfermar | to fall ill |
| caerse | to fall |
| resbalar | to slip |
| marearse | to get nauseous |
| vomitar | to be sick |
| operar | to operate |
| escayolar | to put in plaster |
| sangrar | to bleed |
| infectar | to infect |
| contagiar | to pass on |
| | |
| padecer de | to suffer from |
| ¿cómo se encuentra? | how do you feel? |
| sentirse bien/mal | to feel well/ill |
| tener mala cara | to look ill |
| ponerse enfermo | to fall ill |
| correr peligro | to be in danger |
| tener dolor de cabeza | to have a headache |
| tener fiebre | to have a temperature |
| estar mareado/mareada | to feel sick |
| me duele el pecho | I have a pain in my chest |
| gravemente herido | seriously injured |
| torcerse el tobillo | to twist one's ankle |
| me he roto una pierna | I've broken my leg |
| tomar la temperatura a alguien | to take somebody's temperature |
| hacerse una radiografía | to have an X-ray done |
| el/la donante de sangre | blood donor |

## Language in action

El otro día llamé al médico porque tenía un poco de fiebre y me dolía la garganta. El pobre médico llegó con muy mala cara.
"¿Qué le ha pasado?", le dije.
"Nada, como venía corriendo me he resbalado y me he torcido el tobillo. Me he dado un golpe en la cabeza y me he hecho una herida en la mano. Me he levantado muy rápido y me ha mareado. Ahora me duele el tobillo, tengo dolor de cabeza del golpe y me duele la herida. Además creo que mi mujer me ha contagiado la gripe. No me siento bien. Y usted, ¿cómo se encuentra? Déjeme que le tome la tensión."
'No se preocupe por mí.'- le dije 'Está usted peor que yo.'

| | |
|---|---|
| el hospital | *hospital* |
| la clínica | *private hospital* |
| la consulta | *surgery* |
| el centro de salud | *health centre* |
| el médico/la médica | *doctor* |
| el médico/la médica de cabecera | *GP, family practitioner* |
| el/la dentista | *dentist* |
| el cirujano/la cirujana | *surgeon* |
| el/la especialista | *specialist* |
| el enfermero/la enfermera | *nurse* |
| el enfermo/la enferma | *patient* |
| el tratamiento | *treatment* |
| la revisión | *check-up* |
| el síntoma | *symptom* |
| la camilla | *stretcher* |
| la sala de hospital | *hospital ward* |
| el quirófano | *operating theatre* |
| la sala de rayos X | *X-ray unit* |
| la sala de urgencias | *accident and emergency unit* |
| la sala de partos | *delivery room* |
| el parto | *delivery* |
| el empaste | *filling* |
| la inyección | *injection, shot* |
| el análisis | *test* |
| la cabeza | *head* |
| el cuello | *neck* |
| la garganta | *throat* |
| el pecho | *chest* |
| el vientre | *abdomen* |
| la espalda | *back* |
| el tobillo | *ankle* |
| la articulación | *joint* |
| el cerebro | *brain* |
| el corazón | *heart* |
| el pulmón | *lung* |
| el estómago | *stomach* |
| el hígado | *liver* |
| el apéndice | *appendix* |
| el riñón | *kidney* |
| débil | *weak* |
| delicado/delicada | *delicate* |

| | |
|---|---|
| mareado/mareada | *queasy* |
| inconsciente | *unconscious* |
| urgente | *urgent* |
| quejarse de | *to complain about* |
| examinar, reconocer | *to examine* |
| recetar | *to prescribe* |
| diagnosticar | *to diagnose* |
| curar | *to cure* |
| tratar | *to treat* |
| ingresar | *to go into/admit to hospital* |
| ¿le duele? | *does it hurt?* |
| sentir dolor | *to feel pain* |
| estar bien/mal de salud | *to be in good/poor health* |
| estar regular | *to be so-so* |
| estar delicado del estómago/del corazón | *to have a weak stomach/ heart* |
| guardar cama | *to stay in bed* |
| fuertes dolores | *strong pains* |
| llamar al médico | *to call the doctor* |
| pedir hora en el médico | *to make an appointment at the doctor's* |
| llamar a la ambulancia | *to call the ambulance* |
| entrar por urgencias | *to be admitted as an emergency* |
| ingresar a alguien por urgencias | *to admit someone as an emergency* |
| el análisis de sangre | *blood test* |
| estar de parto | *to be in labour* |
| tener un aborto | *to have a miscarriage* |
| empastar un diente | *to put in a filling* |
| sacar un diente | *to extract a tooth* |

## Language in action

Don Rafael Rodríguez León ha presentado una denuncia contra su médico de cabecera el Dr Gregorio Jiménez Gómez. El jueves pasado Don Rafael llamó para pedir hora en la consulta del Dr Jiménez Gómez, quejándose de dolores de pecho y cansancio. En la consulta, el Dr Jiménez Gómez le examinó, pero se negó a mandarle a un especialista, a pesar de que Don Rafael le advirtió que siempre había estado un poco delicado del corazón. Don Rafael dejó el centro de salud y se dirigió a su casa, pero al subir las escaleras sintió fuertes dolores en el pecho y cayó inconsciente. Un vecino, alarmado, llamó a la ambulancia que le llevó al hospital más cercano, donde Don Rafael fue admitido de urgencia. El especialista que le trató en urgencias dijo que había sufrido un ataque al corazón y que el médico de cabecera debería haber reconocido los síntomas.

| la farmacia | pharmacy |
| el farmacéutico/ la farmacéutica | pharmacist |
| la receta | prescription |
| el medicamento | medicine |
| el jarabe (para la tos) | (cough) mixture |
| la pomada | ointment, cream |
| la pastilla | pill, tablet |
| el comprimido | tablet |
| la aspirina | aspirin |
| el antibiótico | antibiotic |
| el analgésico | painkiller |
| el antiinflamatorio | anti-inflammatory |
| el tubo | tube |
| el frasco | bottle |
| la tirita | plaster |
| la venda | bandage |
| el algodón | cotton |
| el alcohol | surgical spirit |
| el agua oxigenada | hydrogen peroxide |
| la mercromina | Mercurochrome |
| la compresa | sanitary towel |
| el tampón | tampon |
| el preservativo | condom |
| la píldora (anticonceptiva) | the (contraceptive) pill |
| el dolor de cabeza | headache |
| el dolor de garganta | sore throat |
| el dolor de estómago | stomach ache |
| el dolor de oído | earache |
| el dolor de muelas | toothache |
| el catarro, el resfriado, el constipado | cold |
| la gripe | flu |
| el corte | cut |
| la herida | wound |
| la inflamación | inflammation |
| la quemadura | burn |
| la quemadura de sol | sunburn |
| la mordedura | bite (from snake or dog) |
| la picadura | bite, sting (from insect) |
| la indigestión | indigestion |
| la diarrea | diarrhoea |
| la alergia | allergy |

| | |
|---|---|
| la fiebre del heno | *hay fever* |
| la fiebre | *temperature* |
| inflamado/inflamada | *swollen* |
| ronco/ronca | *hoarse* |
| cansado/cansada | *tired* |
| picar | *to sting (insect)* |
| morder | *to bite (snake or dog)* |
| cortarse | *to cut oneself* |
| quemarse | *to burn oneself* |
| constiparse, resfriarse, acatarrarse | *to get a cold* |
| tomar | *to take* |
| vendar | *to bandage* |
| ¿tiene algo para la tos/ la gripe? | *have you got anything for a cough/the flu?* |
| ¿qué síntomas tiene? | *what symptoms do you have?* |
| sentirse bien/mal | *to feel well/ill* |
| sentirse peor | *to feel worse* |
| le duele la cabeza | *his head hurts* |
| le duelen las articulaciones | *his joints hurt* |
| me he quemado | *I've burnt myself* |
| me ha picado un mosquito | *I've got a mosquito bite* |
| estar resfriado/resfriada | *to have a cold* |
| estar constipado/ constipada | *to have a cold* |
| no se vende sin receta | *it's not sold over the counter* |

## Language in action

- Buenos días. ¿Tiene algo para la gripe? Es para mi marido.
- ¿Qué síntomas tiene?
- Tiene fiebre, dolor de cabeza y le duelen las articulaciones. Creía que era solo un resfriado, pero hoy se siente peor. Se le ha pasado a la garganta, tose mucho y está ronco.
- Llévese estas pastillas efervescentes. Tiene que tomar una cada seis horas. Y este jarabe para la tos. Si se siente peor, debe ir al médico.
- ¿Tiene una pomada para las quemaduras? Me he quemado la mano con la plancha.
- Sí, aquí tiene. Ésta es muy buena.
- También quería una caja de Nontobil en comprimidos.
- Lo siento, no puedo dárselo. Esto no lo vendemos sin receta. Tendrá que ir al médico a que se lo recete.

| | |
|---|---|
| el colegio | school |
| el instituto | secondary school, high school |
| la guardería | nursery |
| el alumno/la alumna | pupil |
| el/la estudiante | student |
| el profesor/la profesora | teacher |
| el maestro/la maestra | (primary) teacher |
| el director/la directora | headmaster/mistress, rector |
| el jefe/la jefa de estudios | deputy headmaster/mistress |
| el rector/la rectora | vice-chancellor |
| el catedrático/la catedrática | professor |
| la clase | classroom/class/lesson |
| el recreo | break, playtime, recess |
| la clase de inglés | English lesson |
| la asignatura | subject |
| la lengua (española) | (Spanish) language |
| las matemáticas | mathematics |
| el inglés | English |
| el francés | French |
| la gimnasia | gym |
| la educación física | P.E. |
| el arte | art |
| la física | physics |
| la química | chemistry |
| la biología | biology |
| la geografía | geography |
| la historia | history |
| la carrera universitaria | degree course |
| la medicina | medicine |
| la arquitectura | architecture |
| el derecho | law |
| la economía | economics |
| la sociología | sociology/social studies |
| las empresariales | business studies |
| la filología inglesa | English studies/English degree |
| la filología hispánica | Spanish studies/Spanish degree |
| el uniforme | uniform |
| la cartera | satchel |

| | |
|---|---|
| el patio (de recreo) | *playground* |
| el comedor | *dining hall* |
| el gimnasio | *gym* |
| el laboratorio | *laboratory* |
| el aula | *classroom* |
| el pupitre | *desk* |
| la mesa | *table* |
| la silla | *chair* |
| la pizarra | *blackboard* |
| la tiza | *chalk* |
| el libro de texto | *textbook* |
| el libro de consulta | *reference book* |
| el diccionario | *dictionary* |
| el cuaderno | *notebook* |
| la carpeta | *folder* |
| el archivador | *ring binder* |
| el folio | *sheet of paper* |
| el bolígrafo, el boli* | *ballpoint pen* |
| el lápiz | *pencil* |
| el rotulador | *feltpen* |
| la pintura | *paint* |
| la cera | *crayon* |
| la regla | *ruler* |
| el borrador | *eraser* |
| la calculadora | *calculator* |
| el ordenador | *computer* |
| el magnetófono | *tape recorder* |
| el vídeo | *video* |
| la cinta | *tape* |
| los deberes | *homework* |
| el ejercicio | *exercise* |
| la pregunta | *question* |
| la duda | *doubt, query* |
| la respuesta | *answer* |
| la redacción | *essay* |
| el trabajo | *assignment* |
| la traducción | *translation* |
| el exámen | *exam* |
| el vocabulario | *vocabulary* |
| las notas | *marks* |

| | |
|---|---|
| difícil | difficult |
| fácil | easy |
| correcto/correcta | correct |
| incorrecto/incorrecta | incorrect |
| inteligente | intelligent |
| trabajador/trabajadora | hard-working |
| distraído/distraída | lacking in concentration, absent-minded |
| revoltoso/revoltosa | naughty |
| hablador/habladora | talkative/always talking |
| flojo/floja | weak/poor |
| excelente | excellent |
| extricto/extricta | strict |
| matricular | to enrol |
| aprender | to learn |
| pensar | to think |
| memorizar | to memorize |
| enseñar | to teach |
| explicar | to explain |
| entender | to understand |
| repetir | to repeat |
| buscar | to look up |
| discutir | to discuss |
| preguntar | to ask a question |
| contestar | to answer |
| escribir | to write |
| dibujar | to draw |
| leer | to read |
| calcular | to calculate |
| copiar | to copy |
| corregir | to correct/mark |
| regañar | to tell off |
| castigar | to punish |
| aprobar | to pass |
| suspender | to fail |
| un colegio público/estatal | a state school, a public school (US) |
| un colegio privado/de pago | a private school |
| un colegio concertado | a grant-maintained school |
| un colegio mixto/femenino/masculino | a mixed/girls'/boys' school |
| tienen nivel bajo/alto de enseñanza | the quality of education is bad/good |

| | |
|---|---|
| pasar lista | *to take the register* |
| prestar atención | *to pay attention* |
| guardar silencio | *to keep quiet* |
| hacer los deberes | *to do your homework* |
| resolver un problema | *to work out the solution to a problem* |
| tomar apuntes | *to take notes* |
| el laboratorio de idiomas/química | *the language/chemistry lab* |
| solicitar plaza en un colegio | *to apply to a school* |
| matricular a un niño en un colegio | *to enrol a child in a school* |
| matricularse en la universidad | *to enrol at university* |
| estudiar la carrera de derecho | *to do a degree in law* |
| el programa de estudios | *the curriculum/syllabus* |
| ofrecer actividades extraescolares | *to offer extra-curricular activities* |
| la (enseñanza) primaria/secundaria | *primary/secondary(education)* |
| la enseñanza universitaria | *higher education* |
| el examen de ingreso | *entrance exam* |
| el examen oral/escrito | *oral/written exam* |
| el examen parcial/final | *modular/final exam* |
| presentarse a un examen | *to sit an exam* |
| hacer novillos* | *to skive off school* |
| perder clase | *to miss school* |

## Language in action

- Hola Carmen. ¿Has terminado ya el trabajo sobre el arte precolombino?
- No, no me ha dado tiempo.
- ¿Por qué no?
- Ten en cuenta que estoy trabajando además de estudiar una carrera.
- Sí, pero este trabajo cuenta para la nota final. Ya has suspendido un parcial de esta asignatura. Vas a tener que estudiar a fondo si quieres aprobar.
- Ya lo sé, pero me resulta muy difícil, tengo muchas dudas. El mes pasado estuve enferma. Perdí muchas clases y no pude tomar apuntes.
- Yo puedo prestarte los apuntes y si quieres puedo trabajar contigo para explicarte lo que no entiendas.

| | |
|---|---|
| el trabajo | job |
| el empleo | employment, job |
| el desempleo, el paro | unemployment |
| la empresa, la compañía | company |
| la administración pública | civil service |
| la plaza | position, post |
| el/la aspirante | applicant |
| el candidato/la candidata | candidate |
| el currículum | CV |
| el formulario, el impreso | form |
| las referencias | references |
| la titulación | qualifications |
| la educación | education |
| la experiencia laboral/ profesional | work/professional experience |
| el contrato | contract |
| el sueldo | salary |
| la comisión | commission |
| el incentivo | incentive |
| el coche de la empresa | company car |
| la formación | training |
| el aprendizaje | apprenticeship |
| el ascenso | promotion |
| la entrevista | interview |
| la cita | appointment |
| el periódico | newspaper |
| el despido | dismissal/redundancy |
| el despido improcedente/ injustificado | unfair dismissal |
| la indemnización (por despido) | redundancy money |
| parado/parada | unemployed |
| motivado/motivada | motivated |
| responsable | responsible |
| trabajar | to work |
| buscar | to look for |
| ofrecer | to offer |
| necesitar | to need |
| solicitar | to apply for |
| emplear | to employ |
| incorporarse | to start work |

| el trabajo temporal/fijo | *temporary/fixed job* |
| a tiempo completo/ a tiempo parcial | *full time/part time* |
| un contrato temporal/ indefinido | *a temporary/indefinite contract* |
| buscar trabajo | *to look for a job* |
| la sección de ofertas de empleo | *appointments section* |
| estar en paro | *to be unemployed* |
| trabajar a tiempo completo | *to work full time* |
| trabajar a tiempo parcial | *to work part time* |
| trabajar por cuenta propia | *to be self-employed* |
| la paga extra, la paga extraordinaria | *bonus (given at Christmas and in July)* |
| un curso de formación | *training course* |
| un periodo de prueba | *trial period* |
| posibilidades de ascenso, perspectivas de ascenso | *promotion prospects* |
| se exige titulación universitaria/superior | *graduate required* |
| disponibilidad para viajar | *availability to travel* |
| conocimientos de portugués | *knowledge of Portuguese* |
| dominio del inglés | *full command of English* |
| un puesto de responsabilidad | *a position of responsibility* |
| los interesados deben... | *those interested must...* |
| ¿qué tipo de trabajo busca? | *what type of job are you looking for?* |

## Language in action

### SE NECESITAN COMERCIALES (tres plazas):

**Buscamos personas con:**
- Titulación universitaria.
- Dominio del inglés.
- Carnet de conducir y disponibilidad para viajar.

**Ofrecemos:**
- Contrato indefinido después de periodo de prueba.
- Coche de empresa.
- Salario fijo más comisión.
- Seguridad social.

|  |  |
|---|---|
| la profesión | *profession* |
| el funcionario/la funcionaria | *civil servant* |
| el abogado/la abogada | *lawyer* |
| el/la juez | *judge* |
| el médico/la médica | *doctor* |
| el enfermero/la enfermera | *nurse* |
| el veterinario/la veterinaria | *vet* |
| el cirujano/la cirujana | *surgeon* |
| el/la asistente social | *social worker* |
| el director/la directora | *director* (of a company) |
| el maestro/la maestra | *(primary) school teacher* |
| el profesor/la profesora | *teacher/lecturer* |
| el/la contable | *accountant* |
| el consultor/la consultora | *consultant* |
| el ingeniero/la ingeniera | *engineer* |
| el arquitecto/la arquitecta | *architect* |
| el/la interiorista | *interior designer* |
| el diseñador/la diseñadora | *designer* |
| el informático/la informática | *computer scientist* |
| el/la periodista | *journalist* |
| el científico/la científica | *scientist* |
| el escritor/la escritora | *writer* |
| el músico/la música | *musician* |
| el pintor/la pintora | *painter* |
| el/la artista | *artist* |
| el actor/la actriz | *actor/actress* |
| el/la cantante | *singer* |
| el fotógrafo/la fotógrafa | *photographer* |
| el/la gerente | *manager* |
| el vendedor/la vendedora | *sales assistant, sales clerk* |
| el/la comercial | *sales representative* |
| el tendero/la tendera | *shopkeeper, storekeeper* |
| el carnicero/la carnicera | *butcher* |
| el pescadero/la pescadera | *fishmonger* |
| el frutero/la frutera | *fruitseller* |
| el verdulero/la verdulera | *greengrocer* |
| el panadero/la panadera | *baker* |
| el peluquero/la peluquera | *hairdresser* |
| el carpintero/la carpintera | *carpenter* |
| el/la electricista | *electrician* |
| el fontanero/la fontanera | *plumber* |
| el mecánico/la mecánica | *mechanic* |
| el agricultor/la agricultora | *farmer* |

| | |
|---|---|
| el minero/la minera | *miner* |
| el obrero/la obrera | *worker/building worker* |
| el/la oficinista | *office worker* |
| el secretario/la secretaria | *secretary* |
| el administrativo/la administrativa | *administrative assistant/clerk* |
| el ejecutivo/la ejecutiva | *executive* |
| el hombre/la mujer de negocios | *businessman/-woman* |
| el camarero/la camarera | *waiter/waitress* |
| el cocinero/la cocinera | *cook* |
| el cartero/la cartera | *postman/-woman* |
| el conductor/la conductora de autobuses | *bus driver* |
| el conductor/la conductora de tren | *train driver* |
| el/la taxista | *taxi driver* |
| el/la agente de policía | *policeman/-woman* |
| el/la piloto | *pilot* |
| la azafata | *air hostess* |
| el/la auxiliar de vuelo | *flight attendant* |
| el ama de casa | *housewife* |
| el/la soldado | *soldier* |
| | |
| trabajar de... | *to work as a...* |
| ganarse la vida de... | *to earn your living as a...* |
| un trabajo bien/mal remunerado | *a well/badly paid job* |
| sentirse realizado/realizada | *to feel fulfilled* |

## Language in action

- ¿Cómo decidiste hacerte actriz?
- Siempre me ha gustado actuar, desde muy pequeña, pero nunca pensé dedicarme a ello profesionalmente.
- ¿Por qué?
- Pensaba que era imposible ganarse la vida como actriz. Así es que estudié secretariado. Encontré un trabajo en una oficina y trabajé allí durante cinco años como administrativa. Ganaba un buen sueldo pero no me sentía realizada profesionalmente.
- ¿Entonces...?
- Empecé a asistir a clases nocturnas de drama y a participar en pequeñas obras de teatro de aficionados. No eran trabajos bien remunerados, pero colaborar en esas producciones era para mí muy gratificante. Me di cuenta de que solo podría sentirme verdaderamente satisfecha si me dedicaba al teatro.

| | |
|---|---|
| la oficina | office |
| el despacho | (private) office |
| el departamento | department |
| la recepción | reception |
| la centralita | switchboard |
| la extensión | extension |
| la llamada (telefónica) | (phone) call |
| el teléfono | telephone |
| el fax | fax |
| la fotocopiadora | photocopier |
| el archivador | filing cabinet/file/ring binder |
| el archivo | file |
| el cuaderno | notebook, scratch pad |
| el folio/la hoja de papel | sheet of paper |
| la perforadora | hole punch |
| la grapadora | stapler |
| la grapa | staple |
| el clip | paper clip |
| las tijeras | scissors |
| el celo | Sellotape, Scotch tape |
| el borrador | eraser |
| el typex | correcting fluid |
| el bolígrafo, el boli* | ballpoint pen |
| el rotulador | felt-tip pen |
| el lápiz | pencil |
| la pluma | pen |
| el recambio de tinta | ink cartridge |
| la máquina de escribir | typewriter |
| el ordenador | computer |
| el procesador de textos | word processor |
| la impresora | printer |
| el ratón | mouse |
| el director ejecutivo/la directora ejecutiva | MD/executive director |
| el director/la directora general | general manager |
| el jefe/la jefa de personal | personnel manager |
| el administrativo/la administrativa | administrative assistant |
| el/la oficinista | office worker/clerk |
| el secretario/la secretaria | secretary |

| el secretario/la secretaria personal | PA |
| el/la recepcionista | receptionist |
| el/la colega | colleague |
| trabajador/trabajadora | hard-working |
| perezoso/perezosa | lazy |
| eficiente | efficient |
| estresante | stressful |
| competitivo/competitiva | competitive |
| fichar | to clock in/out |
| pagar | to pay |
| despedir | to dismiss, sack/make redundant |
| entrar | to get in |
| salir | to leave |
| trabajar | to work |
| mandar un fax | to send a fax |
| hacer una llamada | to make a call |
| le pongo con... | I'll put you through to... |
| las horas de oficina | office hours |
| el horario flexible | flexitime |
| el día de paga | pay day |
| la hora del café | coffee break around 10 a.m. (when workers can go out) |
| las horas extraordinarias | overtime |
| estar retrasado en el trabajo | to be behind with one's work |

## Language in action

**Memo:**

El señor director quiere recordar a los empleados de esta oficina que:
- Las horas de oficina son de 9 de la mañana a 6 de la tarde. No de 9.30 a 5.30, ni de 10 a 4. Nuestra oficina no ofrece un horario flexible.
- La hora del café no dura hasta las doce y media.
- Está restringido el uso del teléfono para llamadas personales, especialmente si es para llamadas internacionales.
- Los empleados deben procurar tratar la fotocopiadora con cuidado.
- Está terminantemente prohibido comer en horas de oficina, y aún más guardar los bocadillos en el archivador.
- Todo empleado que sea descubierto durmiendo la siesta encima de la mesa será inmediatamente despedido.

| | |
|---|---|
| el informático/ la informática | computer specialist |
| el ordenador | computer |
| el PC | PC |
| el (ordenador) portátil | laptop |
| la terminal | terminal |
| la pantalla | screen |
| el monitor | monitor |
| el teclado | keyboard |
| la tecla | key |
| el cursor | cursor |
| el ratón | mouse |
| la memoria | memory |
| la RAM | RAM |
| la ROM | ROM |
| el disco duro | hard disk |
| la unidad de disco | disk drive |
| el disquete | diskette |
| el CD- ROM | CD- Rom |
| el DVD | DVD |
| el hardware | hardware |
| el software | software |
| el sistema | system |
| el programa | program |
| la función | function |
| el menú | menu |
| la ventana | window |
| el icono | icon |
| el archivo | file |
| el documento | document |
| el procesador de textos | word processor |
| la hoja de cálculo | spreadsheet |
| la base de datos | database |
| la información | data |
| la copia de seguridad | back-up copy |
| la impresora | printer |
| el listado | printout |
| el módem | modem |
| el correo electrónico | e-mail |
| el virus | virus |
| informatizar | to computerize |
| cancelar | to cancel |
| aplicar | to apply |

| | |
|---|---|
| conectar | to connect |
| insertar | to insert |
| instalar | to install |
| programar | to program |
| guardar | to save |
| almacenar | to store |
| copiar | to copy |
| cortar | to cut |
| pegar | to paste |
| comprobar | to check |
| un ordenador fácil de usar | a user-friendly computer |
| una copia pirata | a pirate copy |
| entrar/salir del sistema | to log on/off |
| almacenar/recuperar la información | to store/retrieve the data |
| se ha caído el sistema | the system has crashed |
| el ordenador (se) ha colgado | the computer has crashed |
| el departamento de informática | the IT department |
| la clave de acceso, la contraseña | the password |
| el sistema operativo | the operating system |
| teclear los datos | to key in the information |
| dar a una tecla | to press a key |
| hacer un clic/dos veces clic | to click/double click |

## Language in action

- Mariano, tu eres informático ¿no? ¿Me podrías ayudar con el ordenador?
- ¿Qué le pasa?
- No consigo entrar en el sistema. Cada vez que lo intento se cuelga.
- ¿Cuándo ha empezado a pasar?
- Ayer. Tuve que cambiarle la unidad de disco de CD porque no funcionaba bien y desde entonces falla cada vez que intento entrar.
- Es posible que la unidad de disco nueva no sea compatible con el disco duro. Si no es eso, es que tienes un virus.
- ¿Cómo puedo tener un virus? Siempre compruebo todos los disquetes con el programa anti-virus.
- ¿Usas el correo electrónico? A veces pueden llegarte en forma de mensaje. Lo voy a mirar.

| | |
|---|---|
| la fábrica | factory |
| el propietario/la propietaria | owner |
| el supervisor/la supervisora | supervisor |
| el jefe/la jefa | boss |
| el trabajador/la trabajadora | worker |
| el obrero/la obrera | worker |
| el aprendiz/la aprendiza | apprentice |
| la máquina | machine |
| el tren de montaje | assembly line |
| el almacén | warehouse |
| el embalaje | packing |
| el turno (de mañana/de noche) | (morning/night) shift |
| el sindicato | trade union |
| el/la sindicalista | trade unionist |
| el/la huelguista | striker |
| la huelga | strike |
| la reivindicación | demand |
| el piquete | picket/picket line |
| la tienda | shop |
| el/la gerente | manager |
| el encargado/la encargada | manager |
| el dependiente/la dependienta | sales assistant, sales clerk |
| el vendedor/la vendedora | sales assistant, sales clerk |
| el tendero/la tendera | shopkeeper, storekeeper |
| el cajero/la cajera | cashier |
| el/la cliente | customer |
| el escaparate | shop/store window |
| la estantería | shelves |
| el mostrador | counter |
| los alimentos | foodstuffs |
| los artículos | articles/goods |
| el producto | product |
| el estock | stock |
| el precio | price |
| el recibo | ticket |
| la planta baja/alta | the ground/top floor |
| las escaleras mecánicas | escalator |
| las rebajas | sales |
| mecánico/mecánica | mechanical |
| rutinario/rutinaria | monotonous |
| bajo/baja | low |

| | |
|---|---|
| caro/cara | *expensive* |
| barato/barata | *cheap* |
| servicial | *helpful* |
| cerrar | *to close* |
| ceder | *to give in* |
| despedir | *to dismiss/make redundant* |
| amenazar | *to threaten* |
| estar/ponerse en huelga | *to be/go on strike* |
| la huelga de brazos caídos | *sit-down strike* |
| la huelga de celo | *work-to-rule* |
| la huelga general | *general strike* |
| la subida de sueldo | *pay rise* |
| las medidas de seguridad | *security measures* |
| estar en negociaciones | *to be in negotiations* |
| salida de urgencia | *emergency exit* |
| hacer el inventario | *to do the stocktaking* |
| pagar en caja | *to pay at the cash desk* |
| por favor, no tocar | *please do not touch* |
| ofertas especiales | *special offers* |
| precios increíbles/de rebajas | *incredible/sales prices* |
| ofertas especiales | *special offers* |
| liquidación de existencias | *stocktaking clearance* |
| de venta en este establecimiento | *on sale here* |
| horario comercial | *opening hours* |
| abierto todo el día | *open all day* |
| cerrado por vacaciones/ por defunción | *closed for holidays/owing to bereavement* |

## Language in action

Los trabajadores de MGT han decidido prolongar la huelga que han mantenido desde hace dos meses. Entre las reivindicaciones de los trabajadores están un aumento de los salarios y una mejora en las medidas de seguridad. La huelga se inició tras el accidente que ocurrió en la fábrica en el que resultaron heridos tres obreros. Los trabajadores han formado piquetes en la entrada de la fábrica que impiden el paso a los que van a trabajar. Los sindicatos están en negociaciones con los propietarios desde el principio del conflicto. Los representantes de estos sindicatos han declarado hoy a nuestro periódico que los propietarios, que en un principio amenazaban con despedir a los trabajadores en huelga, se muestran ahora dispuestos a ceder a algunas de sus demandas.

| | |
|---|---|
| Europa (F) | *Europe* |
| la Unión Europea, la UE | *European Union, EU* |
| América del Norte (F) | *North America* |
| América del Sur (F) | *South America* |
| Sudamérica, Suramérica (F) | *South America* |
| Norteamérica (F) | *North America* |
| África (F) *(but takes `el')* | *Africa* |
| Australia (F) | *Australia* |
| Asia (F) | *Asia* |
| España (F) | *Spain* |
| Gran Bretaña (F) | *Great Britain* |
| (el) Reino Unido | *United Kingdom* |
| Inglaterra (F) | *England* |
| Escocia (F) | *Scotland* |
| (el país de) Gales | *Wales* |
| Irlanda del Norte (F) | *Northern Ireland* |
| Irlanda (F) | *Ireland* |
| Francia (F) | *France* |
| Alemania (F) | *Germany* |
| Italia (F) | *Italy* |
| Portugal (M) | *Portugal* |
| Grecia (F) | *Greece* |
| Turquía (F) | *Turkey* |
| Holanda (F) | *Holland* |
| Bélgica (F) | *Belgium* |
| los Países Bajos | *the Netherlands* |
| Suiza (F) | *Switzerland* |
| Suecia (F) | *Sweden* |
| Noruega (F) | *Norway* |
| Finlandia (F) | *Finland* |
| Dinamarca (F) | *Denmark* |
| Polonia (F) | *Poland* |
| Hungría (F) | *Hungary* |
| Austria (F) *(but takes `el')* | *Austria* |
| Rusia (F) | *Russia* |
| (la) India | *India* |
| Paquistán (M) | *Pakistan* |
| Bangladesh (M) | *Bangladesh* |
| China (F) | *China* |
| Japón (M) | *Japan* |
| Filipinas (F) | *Philippines* |
| Nueva Zelanda (F) | *New Zealand* |
| (los) Estados Unidos, EEUU | *United States, USA* |

| Méjico, México (M) | Mexico |
| Argentina (F) | Argentina |
| Chile (M) | Chile |
| Venezuela (F) | Venezuela |
| Colombia (F) | Colombia |
| Cuba (F) | Cuba |
| Guatemala (F) | Guatemala |
| Nicaragua (F) | Nicaragua |
| Costa Rica (F) | Costa Rica |
| El Salvador (M) | El Salvador |
| Perú (M) | Peru |
| Panamá (M) | Panama |
| Ecuador (M) | Ecuador |
| Brasil (M) | Brazil |
| (la) República Dominicana | Dominican Republic |
| las Antillas | West Indies |
| Marruecos (M) | Morocco |
| Túnez (M) | Tunisia |
| Argelia (F) | Algeria |
| Sudáfrica/Suráfrica (F) *(but takes `el')* | South Africa |
| | |
| la autonomía | autonomous region |
| Cataluña (F) | Catalonia |
| Valencia (F) | Valencia |
| (las Islas) Baleares | Balearic Islands |
| (las Islas) Canarias | Canary Islands |
| el País Vasco | Basque Country |
| Andalucía (F) | Andalusia |
| Galicia (F) | Galicia |
| Castilla-La Mancha (F) | Castilla-La-Mancha |
| Castilla y León (F) | Castilla-León |
| Cantabria (F) | Cantabria |
| Navarra (F) | Navarre |
| La Rioja | La Rioja |
| Aragón (M) | Aragon |
| Asturias (F) | Asturias |
| Madrid (M) | Madrid |
| Murcia (F) | Murcia |
| | |
| vivir en... | to live in... |
| nacer en... | to be born in... |
| ser de... | to be from... |
| querer conocer... | to want to go and see... |
| me gustaría visitar | I'd like to visit... |

| | |
|---|---|
| la nacionalidad | *nationality* |
| la religión | *religion* |
| el cristianismo | *Christianity* |
| el catolicismo | *Catholicism* |
| el protestantismo | *Protestantism* |
| la iglesia ortodoxa | *Orthodox Church* |
| el islamismo | *Islam* |
| el judaísmo | *Judaism* |
| el hinduismo | *Hinduism* |
| el budismo | *Buddhism* |
| el agnosticismo | *agnosticism* |
| el ateísmo | *atheism* |
| europeo/europea | *European* |
| americano/americana | *American* |
| sudamericano/ sudamericana | *South American* |
| suramericano/ suramericana | *South American* |
| norteamericano/ norteamericana | *North American* |
| africano/africana | *African* |
| australiano/australiana | *Australian* |
| asiático/asiática | *Asian* |
| español/española | *Spanish* |
| británico/británica | *British* |
| inglés/inglesa | *English* |
| escocés/escocesa | *Scottish* |
| galés/galesa | *Welsh* |
| irlandés/irlandesa | *Irish* |
| francés/francesa | *French* |
| alemán/alemana | *German* |
| italiano/italiana | *Italian* |
| portugués/portuguesa | *Portuguese* |
| griego/griega | *Greek* |
| turco/turca | *Turkish* |
| holandés/holandesa | *Dutch* |
| belga | *Belgian* |
| suizo/suiza | *Swiss* |
| sueco/sueca | *Swedish* |
| noruego/noruega | *Norwegian* |
| finlandés/finlandesa | *Finnish* |
| danés/danesa | *Danish* |
| polaco/polaca | *Polish* |
| húngaro/húngara | *Hungarian* |

| | |
|---|---|
| austriaco/austriaca | *Austrian* |
| ruso/rusa | *Russian* |
| indio/india | *Indian* |
| paquistaní | *Pakistani* |
| chino/china | *Chinese* |
| japonés/japonesa | *Japanese* |
| filipino/filipina | *Philippine* |
| neocelandés/ neocelandesa | *of/from New Zealand* |
| estadounidense | *American* |
| mejicano/mejicana, mexicano/mexicana | *Mexican* |
| argentino/argentina | *Argentinian* |
| chileno/chilena | *Chilean* |
| venezolano/venezolana | *Venezuelan* |
| colombiano/colombiana | *Colombian* |
| cubano/cubana | *Cuban* |
| guatemalteco/ guatemalteca | *Guatemalan* |
| nicaragüense | *Nicaraguan* |
| costarricense | *Costa Rican* |
| salvadoreño/salvadoreña | *Salvadorean* |
| peruano/peruana | *Peruvian* |
| panameño/panameña | *Panamanian* |
| ecuatoriano/ecuatoriana | *Ecuadorian* |
| brasileño/brasileña | *Brazilian* |
| dominicano/dominicana | *Dominican* |
| antillano/antillana | *West Indian* |
| marroquí | *Moroccan* |
| tunecino/tunecina | *Tunisian* |
| argelino/argelina | *Algerian* |
| sudafricano/sudafricana, surafricano/surafricana | *South African* |
| | |
| cristiano/cristiana | *Christian* |
| católico/católica | *Catholic* |
| protestante | *Protestant* |
| ortodoxo/ortodoxa | *Orthodox* |
| musulmán/musulmana | *Muslim* |
| judío/judía | *Jewish* |
| hindú | *Hindu* |
| budista | *Buddhist* |

| | |
|---|---|
| la industria siderúrgica | *iron and steel industry* |
| la industria naviera | *shipping industry* |
| la industria química | *chemical industry* |
| la industria farmacéutica | *pharmaceutical industry* |
| la industria petrolífera | *oil industry* |
| la industria del metal | *metalworking industry* |
| la industria del papel | *paper industry* |
| la industria del vidrio | *glass industry* |
| la industria textil | *textile industry* |
| la industria alimenticia | *food industry* |
| la industria láctea | *dairy industry* |
| la industria cárnica | *meat industry* |
| la industria pesquera | *fish industry* |
| la industria conservera | *canning industry* |
| la industria vinícola | *wine industry* |
| la industria automovilística/ del automóvil | *car industry* |
| la industria aeronáutica | *aeronautics industry* |
| la industria electrónica | *electronic industry* |
| la industria de la informática | *computer industry* |
| las artes gráficas | *graphic arts* |
| la minería | *mining industry* |
| la construcción | *building industry* |
| la industria turística | *tourist industry* |
| el yacimiento de petróleo | *oilfield* |
| la plataforma petrolífera/ petrolera | *oil rig* |
| la refinería de de petróleo | *oil refinery* |
| el oleoducto | *oil pipe* |
| la fundición de acero | *steel mill* |
| el horno de fundición | *smelting furnace* |
| la fábrica de vidrio | *glassworks* |
| la fábrica de papel, la papelera | *paper mill* |
| la imprenta | *printing press* |
| la fábrica de algodón/lana | *wool/cotton mill* |
| el aserradero | *sawmill* |
| el astillero | *shipyard* |
| la mina | *mine* |
| la presa hidroeléctrica | *hydroelectric dam* |
| la central hidroeléctrica | *hydroelectric power station* |
| la planta nuclear | *nuclear power plant* |

| | |
|---|---|
| la central térmica | *power station* |
| la fábrica de gas | *gas works* |
| el matadero | *slaughterhouse* |
| la maquinaria | *machinery* |
| gradual | *gradual* |
| económico/económica | *economical* |
| industrial | *industrial* |
| fabricar | *to manufacture* |
| producir | *to produce* |
| elaborar | *to produce, make* |
| importar | *to import* |
| exportar | *to export* |
| invertir | *to invest* |
| fundir | *to smelt* |
| construir | *to build* |
| imprimir | *to print* |
| extraer | *to extract* |
| explotar | *to operate, exploit* |
| la reconversión industrial de un sector | *rationalization of a sector* |
| la subvención estatal | *government subsidy* |
| el cese de la actividad | *cessation of activity* |

## Language in action

### Sociedad y economía

El nuevo acuerdo firmado en la Comunidad Europea va a dañar seriamente a la industria minera de la zona norte del país. El acuerdo entre todos los países de la comunidad prohíbe las subvenciones estatales a las industrias.

Aunque nadie niega que es necesario realizar una reconversión industrial del sector, ya que actualmente resulta más económico importar carbón del este de Europa que explotar las minas del país, el cambio está teniendo lugar demasiado rápido: de las 100 toneladas que se producían anteriormente se ha bajado a 50 en menos de un año. La diferencia necesaria para cubrir las necesidades energéticas del país se consigue importando.

El cese de toda actividad minera puede causar enormes daños sociales, ya que muchas comunidades e industrias dependen de este sector de la economía. El gobierno tiene una responsabilidad con estas comunidades y debería invertir en industrias alternativas con futuro, como las industrias relacionadas con las comunicaciones, para poder ofrecer otros empleos en la zona.

| | |
|---|---|
| el negocio | *business* |
| la asociación | *partnership* |
| el socio/la socia | *partner* |
| el/la mayorista | *wholesaler* |
| el/la minorista | *retailer* |
| los beneficios | *profits* |
| las ganancias | *earnings* |
| las pérdidas | *losses* |
| la contabilidad | *accounting/accountancy* |
| la facturación | *turnover/invoicing* |
| la factura | *invoice* |
| la(s) venta(s) | *sale(s)* |
| la compra | *purchase* |
| la promoción | *promotion* |
| el marketing | *marketing* |
| el/la cliente | *client, customer* |
| el consumidor/la consumidora | *consumer* |
| la competencia | *competition* |
| la fusión | *merger* |
| el mercado | *market* |
| la economía | *economy* |
| el sector | *sector* |
| la exportación | *export* |
| la importación | *import* |
| la bolsa | *stockmarket/stock exchange* |
| la inversión | *investment* |
| el inversor/la inversora | *investor* |
| las acciones | *shares* |
| el capital | *capital* |
| el/la accionista | *shareholder* |
| el/la agente de bolsa | *stockbroker* |
| el riesgo | *risk* |
| la bancarrota | *bankruptcy* |
| el impuesto | *tax* |
| el IVA | *VAT* |
| el/la contribuyente | *taxpayer* |
| la deuda | *debt* |
| el déficit | *deficit* |
| la crisis | *crisis* |
| la recesión | *recession* |
| la inflación | *inflation* |

| privado/privada | private |
| estatal | state-run |
| público/pública | public |
| solvente | solvent |
| invertir | to invest |
| pagar | to pay |
| gastar | to spend |
| ganar | to earn |
| perder | to lose |
| arriesgar | to risk |
| especular | to speculate |
| vender | to sell |
| comprar | to buy |
| endeudarse | to get into debt |
| exportar | to export |
| importar | to import |
| liderar | to lead/head |
| nacionalizar | to nationalize |
| privatizar | to privatize |
| el mundo de los negocios | the business world |
| el socio/accionista mayoritario | principal partner/ shareholder |
| la oferta y la demanda | supply and demand |
| una oferta pública de adquisición, una opa | a takeover bid |
| el año fiscal | tax year |
| el fraude fiscal | tax evasion |
| el tipo de interés/de cambio | interest/exchange rate |
| la economía de libre mercado | free market economy |

## Language in action

### La semana en la bolsa

Esta semana todas las bolsas de la zona euro sufrieron un inesperado y brusco descenso. Los datos de enero respecto a la inflación son preocupantes. La semana cerró con una inflación del 3%. La decisión de subir los tipos de interés no ha sido ninguna sorpresa para el mercado, que desde hace unos días estaba reflejando el alza. No se deben esperar efectos inmediatos sobre la rentabilidad de las inversiones y es probable que esta subida no sea la última. El objetivo principal es combatir la inflación, que ha aumentado a causa de la subida en los precios del petróleo y de la depreciación de la moneda única en casi un 20%

# 54 The Internet

| | |
|---|---|
| el PC | PC |
| el disco duro | hard disk |
| el módem | modem |
| la conexión | connection |
| el bit | bit |
| el byte | byte |
| el lenguage | language |
| la barra de herramientas | toolbar |
| el Internet | Internet |
| el navegador/explorador | browser |
| el protocolo | protocol |
| el proveedor | provider |
| el servidor | server |
| el buscador por palabras | search engine |
| el canal Chat | chatline |
| la World Wide Web, la WWW | the World Wide Web |
| la Red, la red | the Net |
| el/la internauta | net surfer |
| la página web | web page |
| el sitio | site |
| la página principal | homepage |
| la dirección (de la página) web | web address |
| el dominio | domain |
| el hipertexto | hypertext |
| el enlace | link |
| el correo electrónico | e-mail |
| la dirección de correo electrónico | e-mail address |
| la arroba | @ sign |
| la libreta de direcciones | address book |
| el mensaje (de correo electrónico) | e-mail (message) |
| el emilio* | e-mail (message) |
| el documento adjunto | attachment |
| la bandeja de entrada | in basket |
| la bandeja de salida | out basket |
| digital | digital |
| electrónico/electrónica | electronic |
| sencillo/sencilla | simple |
| interesado/interesada | interested |
| colapsado/colapsada | down (due to overloading) |

| | |
|---|---|
| regularmente | *regularly* |
| conectar | *to connect* |
| acceder a | *to access* |
| enviar/mandar | *to send* |
| reenviar | *to resend* |
| recibir | *to receive* |
| transferir | *to transfer* |
| redactar | *to write* |
| eliminar | *to delete* |
| descargar | *to download* |
| cargar | *to load* |
| recargar | *to reload* |
| publicar | *to publish* |
| vender | *to sell* |
| copiar | *to copy* |
| imprimir | *to print* |
| la autopista de la información | *the information superhighway* |
| dar/tener acceso a | *to give/have access to* |
| servicio en línea | *on-line service* |
| detener la carga de la página | *to stop loading a page* |
| el sitio web | *web site* |
| los elementos eliminados/enviados | *deleted/sent messages* |
| los favoritos | *favourites* |
| los marcadores | *bookmarks* |

## Language in action

Ahora que la mayor parte del público tiene acceso a un módem y está conectado a Internet, las editoriales han visto enseguida las posibilidades de este medio. La mayoría tiene ya una página web a las que el internauta puede acceder para informarse de las últimas novedades que han salido al mercado. Una vez que el usuario ha encontrado el libro que le interesa, algunas de estas páginas tienen enlaces con librerías electrónicas que hacen que sea posible comprar el libro por Internet y recibirlo por correo en tu propia casa. En algunas de estas librerías electrónicas los usuarios pueden enviar críticas de los libros que han leído por correo electrónico. Muchas editoriales están también muy interesadas en la idea de publicar en Internet. Los libros se publican y se venden en formato electrónico. El usuario puede descargar de la red el archivo en su ordenador, pero no copiarlo ni imprimirlo. Cuando una novela de un conocido escritor de bestsellers se publicó de esta forma, los servidores de las librerías electrónicas que distribuyen la obra se vieron colapsados.

|  |  |
|---------|---------|
| el turismo | tourism |
| el viaje | journey, trip |
| el viaje organizado | package tour |
| el crucero | cruise |
| la excursión | tripper, sightseer |
| la costa | coast/seaside |
| el puerto marítimo/de mar | seaport |
| la montaña | mountain |
| el centro turístico | tourist resort |
| la estación de esquí | ski resort |
| el pueblo costero | seaside village |
| el alojamiento | accommodation |
| la estancia | stay |
| el hotel | hotel |
| la pensión | guest house |
| el apartamento | apartment |
| el apartotel | service apartments |
| la casa rural | country cottage |
| el chalet | villa |
| el bungalow | cabin, chalet |
| el albergue juvenil | youth hostel |
| el camping | camping/campsite |
| la tienda de campaña | tent |
| la caravana | caravan |
| la oficina de turismo | tourist office |
| la agencia de viajes | travel agency |
| el folleto | brochure |
| la reserva | booking |
| el billete | ticket |
| el precio | price |
| el suplemento | supplement |
| la habitación doble/sencilla | double/single room |
| el baño | bathroom/bath/swim |
| el billete | ticket |
| la piscina | swimming pool |
| el viajero/la viajera | traveller |
| el/la turista | tourist |
| el/la veraneante | holidaymaker |
| el/la excursionista | tripper/hiker |
| | |
| bullicioso/bulliciosa | noisy/busy |
| histórico/histórica | historical |
| tranquilo/tranquila | quiet |
| relajado/relajada | relaxed |

| animado/animada | lively |
| programado/ programada | organized, scheduled |
| viajar | to travel |
| organizar | to organize |
| reservar | to book |
| alquilar | to rent |
| disfrutar | to enjoy |
| relajarse | to relax |
| descansar | to rest |
| evitar | to avoid |
| preferir | to prefer |
| la oferta especial | special offer |
| irse de vacaciones | to go on holiday |
| hacer turismo | to go sightseeing |
| viajar por tu cuenta | to travel independently |
| alrededor del mundo | around the world |
| la temporada alta/baja | high/low season |
| media pensión | half board |
| pensión completa | full board |
| desayuno incluido | breakfast included |
| una habitación con baño | an en suite room |
| estar a gusto | to feel at ease |

## Language in action

### ¿Disfruta de las vacaciones?

**1. ¿Qué significan para usted las vacaciones?**
A) Visitar miles de sitios, ver cientos de monumentos históricos.
B) Estar a gusto, descansar, relajarse.
C) Pasar el tiempo en un sitio que conoce, con gente que conoce.

**2. ¿Qué tipo de vacaciones prefiere?**
A) Un viaje organizado.
B) Viajar por su cuenta.
C) Alquilar una casa para todas las vacaciones.

**3. Evita:**
A) Los lugares bulliciosos, animados y con mucha gente.
B) Los lugares muy tranquilos y con poco que hacer.
C) Los viajes con excursiones programadas.

**4. En lo que se refiere a vacaciones, su sueño es:**
A) Un viaje alrededor del mundo.
B) Un crucero.
C) Quedarse en casa.

| | |
|---|---|
| el viaje | trip/travel/journey |
| el itinerario | itinerary |
| el destino | destination |
| la travesía | crossing |
| el vuelo | flight |
| la salida | departure |
| el retraso | delay |
| la cancelación | cancellation |
| la plaza | seat (in train or plane) |
| el aeropuerto | airport |
| el puerto | port, harbour |
| la estación | station |
| el andén/la vía | platform |
| la consigna | left luggage |
| el horario | timetable |
| el pasajero/la pasajera | passenger |
| el equipaje | luggage |
| la maleta | suitcase |
| la bolsa de viaje | travel bag |
| la mochila | rucksack |
| la bolsa de baño | toilet bag |
| la cámara (de fotos) | camera |
| el carrete/la película/el rollo de fotos | roll of film |
| el vídeo | video |
| el plano de la ciudad | town plan |
| el mapa (de carreteras) | (road) map |
| la guía turística | tourist guide |
| el billete | ticket |
| el pasaporte | passport |
| el visado | visa |
| el cheque de viaje | traveller's cheque |
| el hotel | hotel |
| la recepción | reception |
| el ascensor | lift, elevator |
| la escalera | stairs |
| la planta | floor |
| el restaurante | restaurant |
| | |
| retrasado/retrasada | delayed |
| completo/completa | full |
| cancelado/cancelada | cancelled |
| tarde | late |

| | |
|---|---|
| facturar | to *check in* |
| embarcar | to *board* |
| despegar | to *take off* |
| aterrizar | to *land* |
| subir | to *get on* |
| bajar | to *get off* |
| salir | to *leave* |
| llegar | to *arrive* |
| cancelar | to *cancel* |
| perder | to *lose/miss* |
| esperar | to *wait* |
| reclamar | to *claim/complain* |
| quejarse | to *complain* |
| compensar | to *compensate* |
| devolver | to *return/refund* |
| | |
| cambiar dinero | to *change money* |
| hacer fotos | to *take pictures* |
| hacer conexión con | to *connect with* |
| recoger el equipaje | to *collect your luggage* |
| el equipaje de mano | *hand luggage* |
| el vuelo regular/chárter | *regular/charter flight* |
| el billete de primera/ segunda clase | *first-/second-class ticket* |
| el billete en clase preferente | *business-class ticket* |
| el billete en clase turista | *tourist-class ticket* |
| el seguro de viaje | *travel insurance* |

## Language in action

Estimado señor/Estimada señora:

Me dirijo a usted para quejarme por el servicio prestado por su compañía durante el vuelo que realicé el pasado 18 de mayo. Cuando llegué al aeropuerto en El Cairo, los representantes de su compañía nos informaron de que el vuelo había sido retrasado hasta el día siguiente 'debido a razones técnicas'. Su compañía nos envió a un hotel para pasar la noche, pero al llegar al hotel nos dijeron que no tenían habitaciones individuales, por lo que me vi obligada a compartir la habitación con otra de las pasajeras. Tuve también que cambiar dinero para poder cenar ya que el restaurante del hotel estaba cerrado. [...]
Como consecuencia de todo ello, no sólo espero que su compañía me devuelva el importe del billete de Roma a Madrid, sino que además exijo una compensación por las molestias sufridas.

Atentamente

| | |
|---|---|
| el mar | sea |
| la costa | coast/seaside |
| el acantilado | cliff |
| la cala | cove |
| el puerto | port/harbour |
| el puerto deportivo | yacht marina |
| el faro | lighthouse |
| la playa | beach |
| la marea (alta/baja) | (high/low) tide |
| la arena | sand |
| la roca | rock |
| el guijarro | pebble |
| la ola | wave |
| el sol | sun |
| la brisa | breeze |
| la piscina | swimming pool |
| la sombrilla | sunshade |
| la tumbona | sunbed |
| la toalla | towel |
| el traje de baño | swimsuit/swimming trunks |
| el bañador | swimsuit/swimming trunks |
| el bikini | bikini |
| el sombrero | hat |
| la pamela | sunhat |
| el esnórkel | snorkel |
| las aletas | flippers |
| el bronceador | tanning lotion |
| el aceite bronceador | suntan oil |
| el filtro solar | sunscreen, sunblock |
| las gafas de sol | sun glasses |
| el patín | pedalo |
| la tabla de surf | surfboard |
| la tabla de windsurf | sailboard |
| el salvavidas/el flotador | rubber ring |
| el manguito | armband |
| el chaleco salvavidas | life jacket |
| el/la socorrista | lifeguard |
| el helado | ice cream |
| el barco | ship |
| el yate | yacht |
| el velero | sailing ship |
| barco a motor | motorboat |
| el bote | boat |

| | |
|---|---|
| la barca (de remos) | *(rowing) boat* |
| la lancha | *dinghy* |
| soleado/soleada | *sunny* |
| bronceado/bronceada, moreno/morena | *tanned* |
| espectacular | *spectacular* |
| maravilloso/maravillosa | *wonderful* |
| limpio/limpia | *clean* |
| realmente, verdaderamente | *really* |
| nadar | *to swim* |
| navegar | *to sail* |
| pasear | *to go for a walk* |
| cenar | *to have dinner* |
| hace mucho calor | *it's very hot* |
| hace sol | *it's sunny* |
| tomar el sol | *to sunbathe* |
| ponerse moreno/morena | *to get a tan* |
| tomar un helado | *to have an ice cream* |
| hacer surf/windsurf | *to surf/windsurf* |
| pasar el día en... | *to spend the day in...* |

## Language in action

Querida Sara:

Te escribo esta postal desde este precioso pueblo de la costa. Hace un sol espléndido. Todas las mañanas vamos a la playa a tomar el sol (ya estoy muy morena, pero no te preocupes, no me olvido de ponerme bronceador). Nos bañamos a diario. El agua está muy limpia y apetece mucho nadar para refrescarse, porque hace mucho calor. Hasta he intentado hacer windsurf, aunque con poco éxito. Por la tarde vamos a pasear por el puerto hasta el faro o hacemos alguna excursión. Hay unos acantilados realmente espectaculares cerca de aquí. Por la noche cenamos en alguno de los restaurantes de pescado del puerto. Mañana vamos a pasar el día visitando algunas de las calas cercanas en el barco de unos amigos. ¡Esto es vida!

Te veo pronto. Un abrazo

Lucía

| | |
|---|---|
| la montaña | *mountain* |
| el parque nacional | *national park* |
| el parque natural | *nature reserve* |
| el senderismo | *hiking, trekking* |
| el montañismo, el alpinismo | *mountaineering, mountain-climbing* |
| la escalada (en roca) | *(rock) climbing* |
| el sendero | *track* |
| el camino | *path/road* |
| la ruta | *route* |
| el lago | *lake* |
| la laguna | *lake, pool* |
| la mochila | *rucksack* |
| el albergue de montaña | *refuge* |
| el camping | *campsite/camping* |
| el equipo de camping | *camping equipment* |
| la brújula | *compass* |
| la tienda (de campaña) | *tent* |
| el saco de dormir | *sleeping bag* |
| la colchoneta | *air bed* |
| la linterna | *torch* |
| el hornillo | *camping stove* |
| la bombona de gas | *gas cylinder* |
| la hoguera de campamento | *campfire* |
| la leña | *wood* |
| las ramas secas | *dry branches* |
| las cerillas | *matches* |
| el abrelatas *(inv)* | *tin-opener* |
| la lata de conservas | *tin* |
| la comida en lata | *tinned food* |
| el termo | *flask* |
| el anorak | *anorak* |
| las botas de montaña/de escalada | *mountain/climbing boots* |
| la navaja | *pocket knife* |
| el cuchillo de monte | *hunting knife* |
| el piolet | *ice axe* |
| la cuerda (de escalada) | *(climbing) rope* |
| el/la campista | *camper* |
| el montañero/la montañera | *mountaineer* |
| el escalador/la escaladora | *climber* |
| el/la excursionista | *hiker* |
| el/la guardabosques | *forest ranger* |

| | |
|---|---|
| duro/dura | *hard* |
| suave | *mild/soft/easy* |
| fácil | *easy* |
| difícil | *difficult* |
| diferente | *different* |
| remoto/remota | *remote* |
| intrépido | *intrepid* |
| andar | *to walk* |
| escalar | *to climb* |
| la vida al aire libre | *outdoor life* |
| ir de camping, ir de acampada | *to go camping* |
| hacer camping | *to go camping* |
| ir de marcha | *to go walking* |
| practicar el senderismo | *to go hiking* |
| montar una tienda | *to pitch a tent* |
| encender una hoguera | *to light a fire* |
| a la luz de.. | *by the light of...* |
| correr una aventura | *to have an adventure* |

Language in action

### Viajes Aventura

### ¿Unas vacaciones diferentes...? Corre una aventura...

Si te gusta la vida al aire libre, ven a una de nuestras vacaciones y disfruta descubriendo paisajes naturales y remotos a los que no ha llegado la civilización. Nuestras vacaciones son para todos los gustos e intereses:

• Senderismo en la montaña: rutas por bosques llenos de belleza natural. Con estancia en albergues de montaña. Marchas de distintos grados de dificultad desde suaves a más duras.

• Recorre algunos de los parques naturales más bellos de Europa haciendo camping. Nosotros nos ocupamos llevar las tiendas y el equipo de camping. Descubre la magia de la naturaleza a la luz de una hoguera. Incluso si nunca has montado una tienda o no sabes encender un fuego, ir de acampada te resultará fácil.

• Escaladas: Para los realmente intrépidos, que disfrutan del ejercicio físico. Pero no hace falta que seas un escalador experimentado o que hayas hecho montañismo antes. Nuestros monitores estarán siempre cerca para supervisarte y prestarte ayuda.

Pide un folleto sobre nuestras vacaciones en: información@ aventura.co.es

| | |
|---|---|
| la montaña | *mountain* |
| la nieve | *snow* |
| la nevada | *snowfall* |
| la ventisca | *snowstorm/blizzard* |
| el alud | *avalanche* |
| el hielo | *ice* |
| la capa de nieve | *layer of snow* |
| el copo de nieve | *snowflake* |
| la bola de nieve | *snowball* |
| el esquí | *ski* |
| el esquí nórdico/de fondo | *cross-country skiing* |
| el esquí alpino | *downhill skiing, alpine skiing* |
| el salto con esquíes | *ski jumping* |
| el snowboard | *snowboarding* |
| el trineo | *sledge* |
| el patín de hielo | *ice skate* |
| la bota de esquí | *ski boot* |
| la bota para la nieve | *snow boot* |
| el traje de esquí | *ski suit* |
| los pantalones de esquiar | *salopettes* |
| el bastón de esquí | *ski stick* |
| las gafas de esquiar | *snow goggles* |
| el gorro de lana/de esquí | *woollen/ski hat* |
| el guante | *glove* |
| la estación de esquí | *ski resort* |
| el chalet | *chalet* |
| el telesquí, el remonte | *ski lift* |
| el telesilla | *chairlift* |
| el teleférico | *cable car* |
| la pista de esquí | *ski run* |
| el quitanieves | *snowplough* |
| la pista de patinaje | *ice-rink* |
| el lago helado | *frozen lake* |
| el esquiador/la esquiadora | *skier* |
| el monitor/la monitora de esquí | *ski instructor* |
| el patinador/la patinadora | *skater* |
| el/la principiante | *beginner* |
| | |
| nevado/nevada | *snow-covered* |
| helado/helada | *frozen* |
| blanco/blanca | *white* |

| | |
|---|---|
| frío/fría | cold |
| sencillo/sencilla | simple |
| peligroso/peligrosa | dangerous |
| excelente | excellent |
| fenomenal | great/really well |
| | |
| esquiar | to ski |
| patinar | to skate |
| frenar | to slow down |
| caer | to fall |
| aprender | to learn |
| enseñar | to teach |
| alojarse en | to stay in |
| pagar | to pay |
| | |
| las primeras nieves del año | the first snows of the year |
| nieves perpetuas | permanent snow |
| cubierto de nieve | covered in snow |
| tirarse en trineo | to go down in a sledge |
| dar clases a | to give lessons to |
| hacer un cursillo | to do a course |
| pasarse todo el día haciendo... | to spend the whole day doing... |
| hacer el ridículo | to make a fool of oneself |

## Language in action

- Mamá, me voy a ir a esquiar a los Alpes estas Navidades.
- Tú estás loco. Con lo caro que es. Tú vas a los Pirineos como toda la familia.
- No, mamá, no va a salir caro. Mira, me puedo ir de monitor y no sólo tengo la estancia pagada, sino que además me pagan por enseñar a principiantes.
- ¿Y tú vas a saber dar clases a principiantes?
- ¡Hombre mamá, si yo esquío fenomenal! Aunque antes tengo que hacer el cursillo de monitor, claro, pero no es muy difícil. Sólo hay que enseñarles cosas básicas, como coger los palos, frenar, caer... Además al principio los alumnos van por unas pistas muy sencillas y se pasan toda la mañana bajando la pista y subiendo otra vez con el telesilla. Y las tardes las tenemos libres para hacer lo que queramos: esquiar o hacer snowboard, que es lo que más me divierte a mí.
- ¿Y dónde vas a ir?
- Puedes elegir entre varias estaciones de esquí. Pero en los Alpes hay unas pistas excelentes y siempre hay buena nieve. Todos los monitores se alojan juntos en un chalet.

| | |
|---|---|
| el medio ambiente | *environment* |
| el tiempo | *weather* |
| el clima | *climate* |
| el cielo | *sky* |
| el sol | *sun* |
| la nube | *cloud* |
| la lluvia | *rain* |
| el chubasco | *shower* |
| el chaparrón | *downpour* |
| la nieve | *snow* |
| el hielo | *ice* |
| la helada | *frost* |
| el granizo | *hail* |
| la niebla | *fog* |
| la neblina | *mist* |
| el viento | *wind* |
| la brisa | *breeze* |
| el aire | *air* |
| la tormenta/tempestad | *storm* |
| el trueno | *thunder* |
| el relámpago | *flash of lightning* |
| el calor | *heat* |
| el frío | *cold* |
| la temperatura | *temperature* |
| el grado | *degree* |
| la humedad | *humidity/dampness* |
| el mapa del tiempo | *weather map* |
| el pronóstico del tiempo | *weather forecast* |
| la precipitación | *shower* |
| el termómetro | *thermometer* |
| el barómetro | *barometer* |
| la estación | *season* |
| la primavera | *spring* |
| el verano | *summer* |
| el otoño | *autumn* |
| el invierno | *winter* |
| soleado/soleada | *sunny* |
| nublado/nublada | *cloudy* |
| cubierto/cubierta | *overcast* |
| despejado/despejada | *clear* |
| lluvioso/lluviosa | *rainy* |
| bochornoso/bochornosa | *sultry, muggy* |
| tormentoso/tormentosa | *stormy* |

| | |
|---|---|
| caluroso/calurosa | *hot* |
| frío/fría | *cold* |
| cálido/cálida | *warm* |
| templado/templada | *warm/mild* |
| seco/seca | *dry* |
| húmedo/húmeda | *damp* |
| variable | *changeable* |
| | |
| llover | *to rain* |
| nevar | *to snow* |
| enfriar | *to get colder* |
| refrescar | *to get chillier* |
| mejorar | *to improve* |
| empeorar | *to get worse* |
| | |
| por la mañana/la noche | *in the morning/the evening* |
| hace bueno/hace malo | *the weather is good/bad* |
| hace sol | *it's sunny* |
| hace bochorno | *it's sultry, it's muggy* |
| hace veinticinco grados | *it's twenty-five degrees* |
| hace calor/frío | *it's hot/cold* |
| hay niebla | *it's foggy* |
| está lloviendo/nevando | *it's raining/snowing* |
| está nublado | *it's cloudy* |
| va a haber una tormenta | *there's going to be a storm* |
| va a helar esta noche | *there's going to be a frost tonight* |
| ¡qué día más bonito! | *what a lovely day!* |
| un tiempo triste | *gloomy weather* |
| la máxima/la mínima | *maximum/minimum temperature* |
| temperaturas bajo cero | *temperatures below zero* |

## Language in action

**El tiempo durante el fin de semana.**

El viernes gozaremos de buen tiempo, con sol en la mayor parte del país y sólo algunas nubes en el norte, por donde empieza a entrar una borrasca. Las temperaturas serán moderadas, alrededor de los 13 o 14 grados, superiores a la media de esta época del año, aunque por la noche refrescará considerablemente. El sábado, el tiempo será variable, con nubes y claros la mayor parte del día y algún chubasco aislado en la costa mediterránea. Las temperaturas empezarán a bajar. El domingo el tiempo empeorará considerablemente y amanecerá nublado en toda la península, con chubascos en tormentas en puntos montañosos y riesgo de precipitaciones en puntos por encima de los mil metros. La máxima será de 5 grados y de mínima se llegarán a alcanzar temperaturas bajo cero.

| | |
|---|---|
| el terreno | *terrain* |
| la montaña | *mountain* |
| el macizo | *massif* |
| la cordillera | *mountain range* |
| la cadena montañosa/ de montañas | *mountain range* |
| el pico | *peak* |
| la cima | *top, summit* |
| la ladera | *hillside, mountainside* |
| el glaciar | *glacier* |
| el valle | *valley* |
| la meseta | *plateau* |
| la llanura | *plain* |
| el bosque | *forest* |
| la selva tropical | *rainforest* |
| el río | *river* |
| el afluente | *river/tributary* |
| el lago | *lake* |
| la laguna | *lake, pool* |
| el arroyo | *stream* |
| la cascada, la catarata | *waterfall* |
| la desembocadura | *mouth, estuary* |
| la ribera | *riverbank/seashore* |
| la ría | *tidal inlet* |
| el fiordo | *fiord* |
| el cañón | *canyon* |
| el mar | *sea* |
| el océano | *ocean* |
| la costa | *coast/coastline* |
| el acantilado | *cliff* |
| el golfo | *gulf* |
| el cabo | *cape* |
| el estrecho | *strait* |
| la bahía | *bay* |
| la cala | *cove* |
| la orilla | *shore* |
| el continente | *continent* |
| la península | *peninsula* |
| la isla | *island* |
| el archipiélago | *archipelago* |
| el volcán | *volcano* |
| el desierto | *desert* |
| el oasis | *oasis* |

| la roca | rock |
| el iceberg | iceberg |
| el norte/noroeste/noreste | north/northwest/northeast |
| el sur/suroeste/sureste | south/southwest/southeast |
| el oeste | west |
| el este | east |
| | |
| montañoso/montañosa | mountainous |
| rocoso/rocosa | rocky |
| plano/plana | flat |
| accidentado/accidentada | hilly/rugged |
| abrupto/abrupta | rough |
| desértico/desértica | desert (adj) |
| fértil | fertile |
| elevado/elevada, alto/alta | high |
| | |
| un paisaje lleno de contrastes | a landscape full of contrasts |
| sobre el nivel del mar | above sea level |

## Language in action

- Cuéntame qué tal tu viaje a Marruecos.
- Maravilloso, me ha encantado. Es un país lleno de contrastes.
- ¿Dónde has estado?
- Primero estuvimos en la costa, empezando por Tánger, muy cerca del estrecho de Gibraltar. Luego fuimos a Meknès, en el valle del río Oued Boufecrane. Luego fuimos a Marrakesh, que está al pie de la cordillera del Atlas.
- ¿Tuvisteis ocasión de visitar el Atlas?
- Sólo un poco. Es un sitio muy interesante y muy remoto. La cordillera es una barrera que separa las llanuras del norte y la parte anterior al desierto del Sáhara. Visitamos el parque nacional de Toubkal, que rodea los montes más altos del Atlas. Hicimos algunas marchas en el parque, pero era bastante cansado porque tiene mucha altitud, más de 3000 metros sobre el nivel del mar. Había bastantes montañeros que intentaban escalar el Djebel Toubkal, el pico más alto del norte de África. No es una escalada muy difícil.
- ¿Pudisteis visitar el desierto?
- No el desierto propiamente dicho pero hicimos una pequeña excursión a la parte anterior al desierto. Y fuimos también a un oasis: un rincón muy fértil en medio de un terreno totalmente desértico.

| | |
|---|---|
| el ecosistema | ecosystem |
| el movimiento ecologista | ecology movement |
| el partido verde | the green party |
| los verdes | the Greens |
| las energías renovables | renewable energy sources |
| la energía solar/eólica | solar/wind power |
| la contaminación | pollution |
| la radioactividad | radiation |
| la central nuclear | nuclear power station |
| la central eléctrica | power station |
| los desechos tóxicos/ radiactivos | toxic/radioactive waste |
| el dióxido de carbono | carbon dioxide |
| el aerosol | aerosol |
| el CFC | CFC |
| el pesticida | pesticide |
| el mercurio | mercury |
| el reciclado | recycling |
| el contenedor de vidrio | bottle bank |
| el vertedero | dump |
| el desastre ecológico | environmental disaster |
| el escape nuclear | radioactive leak |
| la lluvia ácida | acid rain |
| la niebla tóxica | smog |
| la marea negra | oil slick |
| el incendio forestal | forest fire |
| el efecto invernadero | greenhouse effect |
| el recalentamiento del planeta | global warming |
| la desertización | desertification |
| el desastre natural | natural disaster |
| el terremoto | earthquake |
| el huracán | hurricane |
| el tornado | tornado |
| la erupción volcánica | volcanic eruption |
| la inundación | flood, floods |
| la sequía | drought |
| la hambruna | famine |
| | |
| ecológico/ecológica | ecological |
| dañino/dañina | harmful |
| tóxico/tóxica | toxic |
| contaminante | polluting |
| medioambiental | environmental |

| | |
|---|---|
| biodegradable | *biodegradable* |
| energético/energética | *energy* |
| contaminar | *to pollute* |
| descontaminar | *to decontaminate* |
| proteger | *to protect* |
| salvar | *to save* |
| reciclar | *to recycle* |
| quemar | *to burn* |
| destrozar | *to destroy* |
| devastar | *to devastate* |
| afectar | *to affect* |
| un producto que no daña el medio ambiente | *an environmentally-friendly product* |
| la protección del medio ambiente | *the protection of the environment* |
| mantener el equilibrio ecológico | *to maintain the ecological balance* |
| un agujero de la capa de ozono | *a hole in the ozone layer* |
| el vertido de productos tóxicos | *spillage of toxic products* |
| los productos/gases contaminantes | *polluting products/gases* |
| no reciclable/no retornable | *non-recyclable/non-returnable* |
| causar graves daños | *to cause great damage* |
| grandes pérdidas humanas | *many lives lost* |
| la ayuda internacional | *international aid* |

## Language in action

- ¿Qué temas medioambientales le preocupan más?
- Me preocupa mucho la destrucción de la capa de ozono. Las emisiones de CFC y de dióxido de carbono han creado agujeros en la capa de ozono y esto está creando un efecto invernadero. Las consecuencias las podemos ver ya: el nivel del mar está subiendo y el clima está cambiando. Y se cree que esto es la causa de desastres naturales como sequías e inundaciones que están sucediendo últimamente. Los daños materiales y las pérdidas humanas son enormes.
- ¿Está a favor del uso de la energía nuclear?
- No, no me gusta vivir con el riesgo de un escape nuclear. El peligro es demasiado grande. Creo que se debe invertir en fuentes de energía renovables, como la solar o la eólica.

| | |
|---|---|
| los problemas sociales | *social issues* |
| el desempleo | *unemployment* |
| el parado/la parada | *unemployed person* |
| la droga | *drugs* |
| el drogadicto/la drogadicta | *drug addict* |
| el heroinómano/la heroinómana | *heroin addict* |
| el cocainómano/la cocainómana | *cocaine addict* |
| el tráfico de drogas | *drug dealing* |
| la gente sin hogar | *the homeless* |
| la pobreza | *poverty* |
| la mendicidad | *begging* |
| el mendigo/la mendiga | *beggar* |
| el vagabundo/la vagabunda | *vagrant, tramp* |
| la emigración | *emigration* |
| la inmigración | *immigration* |
| el/la inmigrante legal/ilegal | *legal/illegal immigrant* |
| la marginación | *marginalization* |
| el marginado/la marginada | *dropout* |
| el racismo | *racism* |
| el/la racista | *racist* |
| la víctima | *victim* |
| el terrorismo | *terrorism* |
| la organización terrorista | *terrorist organisation* |
| el/la terrorista | *terrorist* |
| la amenaza de bomba | *bomb scare* |
| el coche bomba | *car bomb* |
| el secuestro | *kidnapping/highjacking* |
| el/la rehén | *hostage* |
| los disturbios sociales | *social unrest* |
| la manifestación | *demonstration* |
| la huelga | *strike* |
| la violencia | *violence* |
| el SIDA | *AIDS* |
| la ocupación ilegal de una vivienda | *squatting* |
| el ocupante ilegal, el okupa* | *squatter* |
| la desigualdad social | *social inequality* |
| la ONG, la organización no gubernamental | *NGO, non-government organization* |
| el Tercer Mundo | *Third World* |

| | |
|---|---|
| social | *social* |
| ilegal | *illegal* |
| vulnerable | *vulnerable* |
| marginado/marginada | *alienated* |
| drogarse | *to take drugs* |
| secuestrar | *to kidnap* |
| maltratar | *to abuse* |
| colaborar | *to collaborate* |
| afectar | *to affect* |
| estar parado/parada | *to be unemployed* |
| estar sin trabajo | *to be out of work* |
| la reinserción social | *social rehabilitation* |
| el centro/programa de desintoxicación | *detox centre/programme* |
| los sin hogar | *the homeless* |
| sin domicilio fijo | *of no fixed abode* |
| dormir al raso | *to sleep rough* |
| dar una paliza a alguien | *to beat somebody up* |
| contagiar una enfermedad a alguien | *to pass on an illness to somebody* |
| reivindicar un atentado | *to claim responsibility for an attack* |
| poner una bomba | *to set-up a bomb* |
| desactivar una bomba | *to defuse a bomb* |
| ser solidario/solidaria | *to show solidarity* |
| la responsabilidad social | *social responsibility* |

## Language in action

Joan empezó a trabajar para una ONG hace diez años. Era una organización creada por una asociación de vecinos de su barrio. "En este barrio hay muchos problemas sociales: mucho desempleo, mucha violencia en las familias, mucha pobreza. Pero lo peor son las drogas. Al principio eran casos aislados, pero pronto casi todo el mundo tenía un familiar o un amigo que estaba afectado".

Joan y un grupo de amigos decidieron que querían hacer algo para ayudar a resolver estos problemas. Empezaron a recaudar fondos, al principio entre los vecinos, luego a organizar festivales y a pedir subvenciones de la administración. Después de años de esfuerzo y tenacidad la organización ha conseguido crear un centro que cuenta con asistentes sociales, médicos y psicólogos, y que ofrece su propio programa de desintoxicación de drogadictos.

El programa intenta encontrar empleo a los drogadictos para que sea más fácil su reinserción social. "No nos vamos a quedar aquí..."

| | |
|---|---|
| la política | *politics* |
| el político/la política | *politician* |
| el gobierno | *government* |
| el presidente/la presidenta | *president* |
| el primer ministro/ la primera ministra | *prime minister* |
| el ministro/la ministra | *minister* |
| el parlamentario/ la parlamentaria | *member of parliament* |
| el senador/la senadora | *senator* |
| la legislatura | *term of office* |
| el parlamento | *parliament* |
| las Cortes | *Spanish parliament* |
| el senado | *senate* |
| el escaño | *seat (in parliament)* |
| el partido (político) | *(political) party* |
| la democracia | *democracy* |
| las elecciones | *elections* |
| el referéndum | *referendum* |
| el voto | *vote* |
| los votantes | *voters* |
| el resultado | *result* |
| la oposición | *opposition* |
| la república | *republic* |
| la monarquía | *monarchy* |
| el rey/la reina | *king/queen* |
| la dictadura | *dictatorship* |
| el dictador/la dictadora | *dictator* |
| el golpe de estado | *coup d'etat* |
| la autonomía | *autonomy, self-government* |
| el nacionalismo | *nationalism* |
| el separatismo | *separatism* |
| el capitalismo | *capitalism* |
| el comunismo | *communism* |
| la globalización | *globalization* |
| la UE | *EU* |
| la paz | *peace* |
| los derechos humanos | *human rights* |
| el Tercer Mundo | *Third World* |
| la economía de mercado | *market economy* |

| | |
|---|---|
| democrático/democrática | *democratic* |
| totalitario/totalitaria | *totalitarian* |
| autonómico/autonómica | *regional* |
| conservador/conservadora | *conservative* |
| progresista | *progressive* |
| liberal | *liberal* |
| derechista | *right-wing* |
| izquierdista | *left-wing* |
| centrista | *centrist, centre* |
| fascista | *fascist* |
| comunista | *communist* |
| socialista | *socialist* |
| nacionalista | *nationalist* |
| separatista | *separatist* |
| | |
| votar | *to vote* |
| elegir | *to elect* |
| gobernar | *to govern* |
| debatir | *to debate* |
| protestar | *to protest* |
| manifestarse | *to demonstrate* |
| dimitir | *to resign* |
| prometer | *to promise* |
| | |
| el sistema/régimen político | *political system/regime* |
| ser de izquierdas/de derechas | *to be left-wing/right-wing* |
| convocar elecciones | *to call an election* |
| las elecciones generales/municipales | *general/local elections* |
| presentarse a las elecciones | *to stand for election* |
| acudir a las urnas | *to go to the polls* |
| la campaña política | *political campaign* |
| el programa electoral | *election manifesto* |
| la propaganda política | *political propaganda* |
| la mayoría absoluta | *absolute majority* |
| formar una coalición | *to form a coalition* |
| un gobierno de coalición | *a coalition government* |
| una derrota aplastante | *a crushing defeat* |
| la clase alta/media/baja | *upper/middle/lower class* |
| la clase obrera | *working class* |
| las subvenciones agrarias | *farm subsidies* |
| los países en vías de desarrollo | *developing countries* |

| | |
|---|---|
| el crimen | crime |
| la delincuencia | crime/delinquency |
| el robo | robbery/burglary |
| el atraco | hold-up/mugging |
| el/la delincuente | delinquent |
| el ladrón/la ladrona | bank robber/burglar |
| el atracador/la atracadora | bank robber/mugger |
| el asesinato | murder |
| el asesino/la asesina | murderer |
| el abuso a menores | child abuse |
| el abuso sexual | sexual abuse |
| la agresión | aggression/attack/assault |
| el agresor/la agresora | attacker |
| el chantaje | blackmail |
| el/la chantajista | blackmailer |
| la policía | police |
| el/la agente de policía | police officer |
| la comisaría de policía | police station |
| la detención | detention |
| el detenido/la detenida | detainee |
| la acusación | prosecution |
| el acusado/la acusada | accused, defendant |
| la orden judicial | warrant |
| los antecedentes penales | criminal record |
| el tribunal | tribunal |
| el abogado defensor/ criminalista | defence/criminal lawyer |
| el fiscal | public prosecutor |
| el juez | judge |
| el jurado | jury |
| el juicio | trial |
| la prueba | proof |
| el/la testigo | witness |
| la sentencia | sentence |
| el fallo | ruling |
| la pena capital | capital punishment |
| la pena de muerte | death penalty |
| la cadena perpetua | life sentence |
| la multa | fine |
| la fianza | bail |
| la libertad condicional | probation |
| la cárcel | jail |
| la celda | cell |

| | |
|---|---|
| el prisionero/la prisionera | *prisoner* |
| el/la reincidente | *reoffender* |
| criminal | *criminal* |
| inocente | *innocent* |
| presunto/presunta | *alleged/presumed* |
| reincidente | *reoffending* |
| robar | *to steal/rob* |
| atracar | *to hold-up/mug* |
| atacar | *assault* |
| abusar | *to abuse* |
| maltratar | *to abuse/batter* |
| chantajear | *to blackmail* |
| acusar | *to accuse* |
| juzgar | *to try/judge* |
| recurrir, apelar | *to appeal* |
| alegar | *to allege* (in defence) |
| encarcelar | *to send to jail* |
| liberar | *to free* |
| resistirse | *to resist* |
| la lucha contra el crimen | *the fight against crime* |
| cometer un crimen | *to commit murder/a crime* |
| robo a mano armada | *armed robbery* |
| llevar a alguien a juicio | *to take someone to court* |
| presentar pruebas | *to provide evidence* |
| ganar/perder un caso | *to win/lose a case* |
| dictar sentencia | *to pass sentence* |
| condenar a alguien a cinco años de cárcel | *to sentence someone to five years' imprisonment* |
| ser condenado a... | *to be sentenced to...* |

## Language in action

**Un hombre que asesinó a su mujer queda libre**
El pasado día 7 de mayo se celebró el juicio contra Pedro L. Díaz Luengo, acusado de dar muerte a su mujer de una paliza. Numerosos testigos declararon que Pedro L. Díaz era un hombre extremadamente violento que sometía a su mujer a malos tratos constantes. Durante el juicio, el fiscal solicitó diez años de cárcel, pero el abogado defensor alegó que el detenido no contaba con antecedentes penales y que actuó "bajo los efectos de una grave depresión", por lo que el juez decidió absolver al homicida. El fallo ha causado una enorme polémica, especialmente entre asociaciones feministas. Una de sus miembros ha declarado: "Éste no es un caso aislado. La justicia a menudo se resiste a dictar sentencias justas contra los agresores de mujeres". La familia de la víctima está dispuesta a recurrir.

# Useful Phrases/Expresiones útiles

yes, please/no, thank you — sí, por favor/no, gracias
sorry — perdone
excuse me — disculpe
I'm sorry, I don't understand — perdone, pero no le entiendo

## Meeting people / Saludos
hello/goodbye — hola/adiós
how are you? — ¿cómo está usted?
nice to meet you — mucho gusto

## Asking questions / Preguntas
do you speak English/Spanish? — ¿habla usted inglés/español?
what's your name? — ¿cómo se llama?
where are you from? — ¿de dónde es?
how much is it? — ¿cuánto es?
where is…? — ¿dónde está…?
can I have…? — ¿me da…?
would you like…? — ¿quiere usted…?

## Statements about yourself / Información personal
my name is… — me llamo…
I'm American/I'm Mexican — soy americano/-a/mexicano/-a
I don't speak Spanish/English — no hablo español/inglés
I live near Seville/Chester — vivo cerca de Sevilla/Chester
I'm a student — soy estudiante
I work in an office — trabajo en una oficina

## Emergencies / Emergencias
can you help me, please? — ¿me ayuda, por favor?
I'm lost — me he perdido
I'm ill — no me encuentro bien
call an ambulance — llamen a una ambulancia

## Reading signs / Carteles y señales
no entry — prohibido el paso
no smoking — prohibido fumar
fire exit — salida de emergencia
for sale — en venta

## ❶ Going Places

### On the road

where's the nearest garage/petrol station, (Amer) gas station

what's the best way to get there?

I've got a puncture

I'd like to hire a bike/car

there's been an accident

my car's broken down

the car won't start

### Por carretera

¿dónde está el taller más cercano/la gasolinera más cercana?

¿cuál es la mejor forma de llegar allí?

he pinchado

quisiera alquilar una bicicleta/un coche

ha habido un accidente

se me ha estropeado el coche

el coche no arranca

### By rail

where can I buy a ticket?

what time is the next train to Barcelona/York?

do I have to change?

can I take my bike on the train?

which is the platform for the train to San Sebastian/Bath?

there's a train to London at 10 o'clock

a single/return to Leeds/Valencia, please

I'd like an all-day ticket

I'd like to reserve a seat

### En tren

¿dónde se sacan los billetes?

¿a qué hora sale el próximo tren para Barcelona/York?

¿tengo que hacer algún transbordo?

¿puedo llevar la bicicleta en el tren?

¿de qué andén sale el tren para San Sebastián/Bath?

hay un tren que sale para Londres a las 10

un billete de ida/ida y vuelta para Leeds/Valencia, por favor

quiero un billete que valga para todo el día

quisiera reservar una plaza

## At the airport | En el aeropuerto

| At the airport | En el aeropuerto |
|---|---|
| when's the next flight to Paris/Rome? | ¿cuándo sale el próximo vuelo para París/Roma? |
| where do I check in? | ¿dónde puedo facturar el equipaje? |
| I'd like to confirm my flight | quisiera confirmar mi vuelo |
| I'd like a window seat/ an aisle seat | quisiera un asiento de ventanilla/pasillo |
| I want to change/cancel my reservation | quiero cambiar/cancelar mi reserva |

## Getting there | Cómo llegar a los sitios

| Getting there | Cómo llegar a los sitios |
|---|---|
| could you tell me the way to the castle? | ¿me podría decir cómo se llega al castillo? |
| how long will it take to get there? | ¿cuánto tiempo se tarda en llegar? |
| how far is it from here? | ¿a qué distancia está? |
| which bus do I take for the cathedral? | ¿qué autobús debo tomar para ir a la catedral? |
| can you tell me where to get off? | ¿podría decirme dónde me tengo que bajar? |
| what time is the last bus? | ¿a qué hora sale el último autobús? |
| how do I get to the airport? | ¿cómo se llega al aeropuerto? |
| where's the nearest underground station, (Amer) subway station? | ¿dónde está la estación de metro más cercana? |
| can you call me a taxi? | ¿me puede pedir un taxi? |
| take the first turning right | gire por la primera (calle) a la derecha |
| turn left at the traffic lights/just past the church | gire a la izquierda al llegar al semáforo/después de pasar la iglesia |
| I'll take a taxi | tomaré un taxi |

## ❷ Keeping in touch

| On the phone | Por teléfono |
|---|---|
| where can I buy a phone card? | ¿dónde puedo comprar una tarjeta telefónica? |
| may I use your phone? | ¿puedo llamar por teléfono? |
| do you have a mobile? | ¿tiene usted un móvil |
| what is the code for Alava/Cardiff? | ¿cuál es el prefijo de Álava/Cardiff? |
| I want to make a phone call | quiero hacer una llamada |
| I'd like to reverse the charges | quisiera hacer una llamada a cobro revertido |
| the line's engaged | está comunicando |
| there's no answer | no contestan |
| hello, this is Natalia | hola, soy Natalia |
| is Juan there, please? | ¿está Juan, por favor? |
| who's calling? | ¿de parte de quién? |
| sorry, wrong number | perdone, se ha confundido |
| just a moment, please | un momento, por favor |
| would you like to hold? | ¿quiere esperar? |
| please tell him/her I called | dígale que lo/la he llamado, por favor |
| I'd like to leave a message for him/her | quisiera dejarle un mensaje |
| I'll try again later | lo/la volveré a llamar más tarde |
| please tell him/her that Maria called | dígale que lo/la ha llamado María, por favor |
| can he/she ring me back? | ¿le puede decir que me llame? |
| my home number is… | mi número (de teléfono) es el… |
| my business number is… | el número del trabajo es el… |
| my fax number is… | mi número de fax es el… |
| we were cut off | se cortó la comunicación |

### Writing

| | |
|---|---|
| what's your address? | |
| where is the nearest post office? | |
| could I have a stamp for Argentina/Italy, please? | |
| I'd like to send a parcel/a telegram | |

### Por carta

what's your address? → ¿cuál es su dirección?

where is the nearest post office? → ¿dónde está la oficina de correos más cercana?

could I have a stamp for Argentina/Italy, please? → ¿me da un sello para Argentina/Italia, por favor?

I'd like to send a parcel/a telegram → quisiera mandar un paquete/telegrama

### On line

are you on the Internet?

what's your e-mail address?

we could send it by e-mail

I'll e-mail it to you on Tuesday

I looked it up on the Internet

the information is on their website

### En línea

are you on the Internet? → ¿está conectado/-a a Internet?

what's your e-mail address? → ¿cuál es su dirección de correo electrónico*?

we could send it by e-mail → lo podríamos mandar por correo electrónico*

I'll e-mail it to you on Tuesday → se lo mandaré por correo electrónico* el martes

I looked it up on the Internet → lo he mirado en Internet

the information is on their website → la información está en su página web

### Meeting up

what shall we do this evening?

where shall we meet?

I'll see you outside the café at 6 o'clock

see you later

I can't today, I'm busy

### Citas, encuentros

what shall we do this evening? → ¿qué hacemos esta tarde?

where shall we meet? → ¿dónde podemos encontrarnos?

I'll see you outside the café at 6 o'clock → nos vemos a las 6 en la puerta de la cafetería

see you later → hasta luego

I can't today, I'm busy → hoy no puedo, estoy ocupado/-a

---

* e-mail (*informal*) is now commonly used in Spanish instead of 'correo electrónico'

## ❸ Food and drink

### Booking a table in a restaurant

### Reservar mesa en un restaurante

can you recommend a good restaurant?

¿me puede recomendar un buen restaurante?

I'd like to reserve a table for four

quisiera reservar una mesa para cuatro

a reservation for tomorrow evening at eight o'clock

una reserva para mañana a las ocho de la tarde

### Ordering

### Pedir la comida

could we see the menu/wine list, please?

¿nos enseña el menú/la carta de vinos, por favor?

do you have a vegetarian/children's menu?

¿tienen un menú especial para vegetarianos/niños?

could we have some more bread/rice?

¿nos puede traer más pan/arroz?

could I have the bill, (Amer) check, please?

¿nos trae la cuenta, por favor?

a bottle/glass of mineral water, please

una botella/un vaso de agua mineral, por favor

as a starter… and to follow…

de primero… y de segundo…

a black/white coffee

un café solo/con leche

### The menu

### El Menú

starters — entrantes

soups/salads — sopas/ensaladas

dish/menu of the day — plato/menú del día

seafood — marisco

meat — carne

fish — pescado

desserts — postres

drinks — bebidas

### Any complaints? | ¿Algún problema?

| | |
|---|---|
| there's a mistake in the bill, (Amer) check | hay un error en la cuenta |
| the meat isn't cooked/is overdone | la carne no está bien hecha/está demasiado hecha |
| I asked for a small/large portion | he pedido una ración pequeña/grande |
| we are waiting to be served | estamos esperando a que nos sirvan |
| the wine is not chilled | el vino no ésta fresco |

### Food shopping | La(s) compra(s)

| | |
|---|---|
| where is the nearest supermarket? | ¿dónde está el supermercado más cercano? |
| is there a baker's/butcher's near here? | ¿hay alguna panadería/carnicería por aquí? |
| can I have a carrier bag, please? | ¿me da una bolsa, por favor? |
| how much is it? | ¿cuánto es? |
| I'll have this/that one | me llevo éste/-a/ése/-a |

### On the shopping list | La lista de la(s) compra(s)

| | |
|---|---|
| I'd like some bread | un pan, por favor |
| that's all, thank you | eso es todo, gracias |
| a bit more/less, please | póngame un poco más/quíteme un poco, por favor |
| that's enough, thank you | así es suficiente, gracias |
| 100 grams of salami/cheese | 100 gramos de salchichón/queso |
| half a kilo of tomatoes | medio kilo de tomates |
| a packet of tea/coffee | un paquete de té/café |
| a carton/litre of milk | un cartón/litro de leche |
| a can/bottle of beer | una lata/botella de cerveza |

## ❹ Places to stay

### Camping

| | |
|---|---|
| can we pitch our tent here? | ¿podemos montar la tienda (de campaña) aquí? |
| can we park our caravan here? | ¿podemos aparcar la caravana aquí? |
| what are the facilities like? | ¿cómo son las instalaciones? |
| how much is it per night? | ¿cuánto cobran por (pasar la) noche? |
| where do we park the car? | ¿dónde podemos aparcar? |
| we're looking for a campsite | estamos buscando un camping |
| this is a list of local campsites | ésta es una lista de los campings de la zona |
| we go on a camping holiday every year | todos los años pasamos las vacaciones en un camping |

### Campings

### At the hotel

| | |
|---|---|
| I'd like a double/single room with bath | quisiera una habitación doble/individual con baño |
| we have a reservation in the name of Morris | tenemos una reserva a nombre de Morris |
| we'll be staying three nights, from Friday to Sunday | nos quedaremos tres noches, de viernes a domingo |
| how much does the room cost? | ¿cuánto cuesta la habitación? |
| I'd like to see the room | quisiera ver la habitación |
| what time is breakfast? | ¿a qué hora se sirve el desayuno? |
| can I leave this in your safe? | ¿puedo dejar esto en la caja fuerte? |
| bed and breakfast | (lugar donde dan) alojamiento y desayuno |
| we'd like to stay another night | nos gustaría quedarnos una noche más |
| please call me at 7:30 | ¿me podría despertar a las 7:30, por favor? |
| are there any messages for me? | ¿hay algún mensaje para mí? |

### Hoteles

## Hostels | Albergues

| Hostels | Albergues |
|---|---|
| could you tell me where the youth hostel is? | ¿me podría indicar dónde está el albergue? |
| what time does the hostel close? | ¿a qué hora cierra el albergue? |
| I'm staying in a hostel | me alojaré en un albergue |
| the hostel we're staying in is great value | el albergue donde nos alojamos ofrece una buena relación calidad-precio |
| I know a really good hostel in Dublin | conozco un albergue estupendo en Dublín |
| I'd like to go backpacking in Australia | me gustaría irme a Australia con la mochila al hombro |

## Rooms to let | Alquiler de habitaciones

| Rooms to let | Alquiler de habitaciones |
|---|---|
| I'm looking for a room at a reasonable rent | quiero alquilar una habitación que tenga un precio razonable |
| I'd like to rent an apartment for a few weeks | me gustaría alquilar un apartamento para unas cuantas semanas |
| where do I find out about rooms to let? | ¿dónde me puedo informar sobre alquileres de habitaciones? |
| what's the weekly rent? | ¿cuánto cuesta el alquiler semanal? |
| I'm staying with friends at the moment | en este momento estoy alojado en casa de unos amigos |
| I rent an apartment on the outskirts of town | vivo en un apartamento alquilado en las afueras |
| the room's fine — I'll take it | la habitación está muy bien, me la quedo |
| the deposit is one month's rent | como depósito, se paga un mes de alquiler |

# ❺ Shopping and money

## At the bank | En el banco

I'd like to change some money — quisiera cambiar dinero

I want to change some pounds into euros — quisiera cambiar libras esterlinas a euros

do you take Eurocheques? — ¿acepan Eurocheques?

what's the exchange rate today? — ¿a cuánto está hoy el cambio?

I prefer traveller's cheques — prefiero cheques de viaje que dinero en metálico

I'd like to transfer some money from my current account — quisiera hacer una transferencia desde mi cuenta corriente

I'll get some money from the cash machine — sacaré dinero del cajero (automático)

I usually pay by direct debit — suelo domiciliar los pagos en mi cuenta

I'm with another bank — no soy cliente/-a de este banco

## Finding the right shop | Dar con la tienda adecuada

where's the main shopping district? — ¿dónde está la zona de tiendas?

where can I buy batteries/postcards? — ¿dónde puedo comprar unas pilas/postales?

where's the nearest chemist/bookshop? — ¿dónde está la farmacia/ librería más cercana?

is there a good food shop around here? — ¿hay una buena tienda de comestibles por aquí?

what time do the shops open/close? — ¿a qué hora abren/cierran las tiendas?

where did you get those? — ¿dónde los/las ha comprado?

I'm looking for presents for my family — estoy buscando regalos para mi familia

we'll do our shopping on Saturday — haremos las compras el sábado

I love shopping — me encanta ir de compras

### Are you being served?

how much does that cost?

can I try it on?

could you wrap it for me, please?

can I pay by credit card/cheque, (Amer) check?

do you have this in another colour, (Amer) color?

could I have a bag, please?

I'm just looking

I'll think about it

I'd like a receipt, please

I need a bigger/smaller size

I take a size 10/a medium

it doesn't suit me

I'm sorry, I don't have any change/ anything smaller

that's all, thank you

### ¿Lo/La atienden?

¿cuánto cuesta?

¿me lo puedo probar?

¿me lo envuelve, por favor?

¿puedo pagar con tarjeta/cheque?

¿tiene éste/-a en otro color?

¿me da una bolsa, por favor?

sólo estoy mirando

me lo voy a pensar

¿me da el recibo, por favor?

necesito una talla más grande/ más pequeña

uso la talla 38/mediana

no me queda bien

perdone, pero no tengo cambio/ billetes más pequeños

nada más, gracias

### Changing things

can I have a refund?

can you mend it for me?

can I speak to the manager?

it doesn't work

I'd like to change it, please

I bought this here yesterday

### Devoluciones

¿me podría devolver el dinero?

¿me lo/la podrían arreglar?

quisiera hablar con el encargado/ la encargada

no funciona

quisiera cambiarlo/-a, por favor

compré esto ayer

## ❻ Sport and leisure

### Keeping fit | Mantenerse en forma

where can we play football/squash? — ¿dónde se puede jugar al fútbol/squash?

where is the local sports centre, (Amer) center? — ¿dónde está el polideportivo?

what's the charge per day? — ¿cuánto cobran (al día)?

is there a reduction for children/a student discount? — ¿hacen descuentos a niños/estudiantes?

I'm looking for a swimming pool/tennis court — estoy buscando una piscina/un club de tenis

you have to be a member — (para entrar) hace falta ser socio

I play tennis on Mondays — los lunes juego al tenis

I would like to go fishing/riding — me gustaría ir a pescar/montar a caballo

I want to do aerobics — quiero hacer aerobic

I love swimming/rollerblading — me encanta nadar/patinar con patines en línea

we want to hire skis/snowboards — queremos alquilar unos esquís/unas tablas de nieve

### Watching sport | Ver espectáculos deportivos

is there a football match on Saturday? — ¿hay algún partido de fútbol el sábado?

which teams are playing? — ¿qué equipos juegan?

where can I get tickets? — ¿dónde se compran las entradas?

I'd like to see a rugby/football match — me gustaría ver un partido de rugby/fútbol

my favourite, (Amer) favorite team is… — mi equipo favorito es el…

let's watch the match on TV — veamos el partido en la tele

### Going to the cinema/ theatre/ club

what's on?

when does the box office open/ close?

what time does the concert/ performance start?

when does it finish?

are there any seats left for tonight?

how much are the tickets?

where can I get a programme, (Amer) program?

I want to book tickets for tonight's performance

I'll book seats in the circle

I'd rather have seats in the stalls

somewhere in the middle, but not too far back

four, please

for Saturday

we'd like to go to a club

I go clubbing every weekend

### Cine/Teatro/Discotecas

¿qué ponen (en el cine/teatro)?

¿a qué hora abren/cierran la taquilla?

¿a qué hora empieza el concierto/ la representación?

¿a qué hora termina?

¿quedan entradas para esta noche?

¿cuánto cuestan las entradas?

¿dónde puedo conseguir un programa?

quiero reservar entradas para esta noche

reservaré entradas de platea

prefiero el patio de butacas

que sean centrales, pero no demasiado atrás

cuatro, por favor

para el sábado

nos gustaría ir a una discoteca

voy a la discoteca todos los fines de semana

### Hobbies

what do you do at the weekend?

I like yoga/listening to music

I spend a lot of time surfing the Net

I read a lot

I collect musical instruments

### Aficiones y hobbies

¿qué hace los fines de semana?

me gusta el yoga/escuchar música

me paso mucho tiempo navegando por la Red

leo mucho

colecciono instrumentos musicales

## ❼ Colours

| | |
|---|---|
| white | blanco/blanca |
| grey | gris |
| black | negro/negra |
| yellow | amarillo/amarilla |
| orange | naranja |
| orangey | anaranjado/anaranjada |
| red | rojo/roja |
| vermilion | bermellón |
| cherry red | rojo cereza |
| bright red | rojo vivo |
| reddish | rojizo/rojiza |
| pink | rosa |
| maroon | granate |
| purple | morado/morada |
| purple | púrpura |
| violet | violeta |
| blue | azul |
| indigo blue | azul añil |
| sky blue | azul celeste |
| light blue | azul claro |
| navy blue | azul marino |
| turquoise | azul turquesa |
| bluish | azulado/azulada |
| green | verde |
| emerald green | verde esmeralda |
| dark green | verde oscuro |
| greenish | verdoso/verdosa |
| greenish blue | azul verdoso |
| yellowy green | verde amarillento |
| cream | crema |

| | |
|---|---|
| beige | beige |
| brown | marrón |
| brown (hair) | castaño |
| salmon | salmón, de color salmón |
| golden | dorado/dorada |
| silver | plateado/plateada |
| light | claro/clara |
| dark | oscuro/oscura |
| bright | vivo/viva |
| metallic | metálico/metálica |
| metallic grey | gris metálico |
| | |
| what colour is...? | ¿de qué color es...? |
| the colours of the rainbow | los colores del arco iris |
| white as snow | blanco/blanca como la nieve |
| as black as coal | negro/negra como el carbón |
| he/she/it drives me up the wall | me pone negro/negra |
| to go as red as a beetroot | ponerse rojo/roja como un tomate |
| the situation is at boiling point | la cosa está al rojo vivo |
| to be inexperienced | estar verde |
| to slag somebody off | poner verde a alguien |
| to stuff oneself with food | ponerse morado/morada |
| to have a hard time | pasarlas moradas |

............................................................

## ❽ Weights, measures, sizes

### Length/Longitud

| inches/pulgadas | 0.39 | 3.9 | 7.8 | 11.7 | 15.6 | 19.7 | 39 |
|---|---|---|---|---|---|---|---|
| cm/centímetros | 1 | 10 | 20 | 30 | 40 | 50 | 100 |

### Distance/Distancia

| miles/millas | 0.62 | 6.2 | 12.4 | 18.6 | 24.9 | 31 | 62 |
|---|---|---|---|---|---|---|---|
| km/kilómetros | 1 | 10 | 20 | 30 | 40 | 50 | 100 |

### Weight/Peso

| pounds/libras | 2.2 | 22 | 44 | 66 | 88 | 110 | 220 |
|---|---|---|---|---|---|---|---|
| kg/kilos | 1 | 10 | 20 | 30 | 40 | 50 | 100 |

### Capacity/Capacidad

| gallons/galones | 0.22 | 2.2 | 4.4 | 6.6 | 8.8 | 11 | 22 |
|---|---|---|---|---|---|---|---|
| litres/litros | 1 | 10 | 20 | 30 | 40 | 50 | 100 |

### Temperature/Temperatura

| °C | 0 | 5 | 10 | 15 | 20 | 25 | 30 | 37 | 38 | 40 |
|---|---|---|---|---|---|---|---|---|---|---|
| °F | 32 | 41 | 50 | 59 | 68 | 77 | 86 | 98.4 | 100 | 104 |

### Clothing and shoe sizes/Tallas de ropa y calzado

Women's clothing sizes/Ropa de señora

| UK | 8 | 10 | 12 | 14 | 16 | 18 |
|---|---|---|---|---|---|---|
| US | 6 | 8 | 10 | 12 | 14 | 16 |
| Spain | 36 | 38 | 40 | 42 | 44 | 46 |

Men's clothing sizes/Ropa de cabalerro

| UK/US | 36 | 38 | 40 | 42 | 44 | 46 |
|---|---|---|---|---|---|---|
| Spain | 46 | 48 | 50 | 52 | 54 | 56 |

Men's and women's shoes/Calzado de señora y caballero

| UK women | 4 | 5 | 6 | 7 | 7.5 | 8 | | | |
|---|---|---|---|---|---|---|---|---|---|
| UK men | | | | 6 | 7 | 8 | 9 | 10 | 11 |
| US | 6.5 | 7.5 | 8.5 | 9.5 | 10.5 | 11.5 | 12.5 | 13.5 | 14.5 |
| Spain | 37 | 38 | 39 | 40 | 41 | 42 | 43 | 44 | 45 |

| | |
|---|---|
| weight | el peso |
| kilo | el kilo |
| gram | el gramo |
| half kilo | el medio kilo |
| quarter (of a) kilo | el cuarto de kilo |
| litre | el litro |
| half a litre | el medio litro |
| decilitre | el decilitro |
| centilitre | el centilitro |
| millilitre | el mililitro |
| kilometre | el kilómetro |
| metre | el metro |
| centimetre | el centímetro |
| millimetre | el milímetro |
| square/cubic metre | el metro cuadrado/cúbico |
| hectare | la hectárea |
| acre | el acre |
| dozen | la docena |
| half a dozen | la media docena |
| pair | el par |
| large size | la talla grande |
| medium size | la talla mediana |
| small size | la talla pequeña |
| piece | el trozo |
| portion | la porción |
| slice | la rodaja |
| slice (of bread) | la rebanada |
| handful | el puñado |
| pile | el montón |
| to measure | medir |
| to weigh (out) | pesar |
| to count | contar |
| half a kilo of strawberries | medio kilo de fresas |

## ⑨ Good timing

### Telling the time | La hora

| | |
|---|---|
| what time is it? | ¿qué hora es? |
| it's 2 o'clock | son las 2 |
| at about 8 o'clock | hacia las 8 |
| from 10 o'clock onwards | a partir de las 10 |
| at 5 o'clock in the morning/afternoon | a las cinco de la mañana/tarde |
| it's five past/quarter past/half past one | es la una y cinco/y cuarto/ y media |
| it's twenty-five to/quarter to one | es la una menos veinticinco/ menos cuarto |
| a quarter/three quarters of an hour | un cuarto/tres cuartos de hora |

### Days and dates | Días y fechas

| | |
|---|---|
| Sunday, Monday, Tuesday, Wednesday, Thursday, Friday, Saturday | domingo, lunes, martes, miércoles, jueves, viernes, sábado |
| January, February, March, April, May, June, July, August, September, October, November, December | enero, febrero, marzo, abril, mayo, junio, julio, agosto, septiembre, octubre, noviembre, diciembre |

In Spanish, days of the week and months of the year are always spelt with a lower case.

| | |
|---|---|
| day | el día |
| date | la fecha |
| month | el mes |
| week | la semana |
| weekend | el fin de semana |
| a fortnight | quince días, dos semanas |
| public holiday | el día de fiesta |
| season | la estación |
| spring | la primavera |
| summer | el verano |
| autumn | el otoño |
| winter | el invierno |

| | |
|---|---|
| year | el año |
| leap year | el año bisiesto |
| century | el siglo |
| millennium | el milenio |
| what's the date? | ¿a qué fecha estamos?, ¿a qué día estamos?, ¿a cuántos estamos? |
| it's the first of July | estamos a primero de julio |
| what's the date today? | ¿qué día es hoy? |
| today is the fifth of May | hoy es (el) cinco de mayo |
| what's the date tomorrow? | ¿qué fecha es mañana? |
| tomorrow is the twelfth of April | mañana es (el) doce de abril |
| the appointment is on September the eighth | la cita es el ocho de septiembre |
| we're going to Madrid in October | en octubre vamos a Madrid |
| last/next August | el pasado/próximo agosto |
| this March | este marzo |
| at the beginning of February | a principios de febrero |
| at the end of August | a finales de agosto |
| before the end of July | antes de finales de julio |
| in mid-September | a mediados de septiembre |
| in January last year | en enero del año pasado |
| in November next year | en noviembre del próximo año |
| a May morning | una mañana de mayo |
| the January sales | las rebajas de enero |
| it's cold for June | hace frío para junio |
| it will soon be July | pronto estaremos en julio |
| what day is it today? | ¿qué día es hoy? |
| it's Tuesday | es jueves |
| which day is she arriving? | ¿qué día llega? |

# ⑨ Good timing

| | |
|---|---|
| Public holidays and special days | Fiestas y celebraciones especiales |
| Bank holiday | día festivo durante el cual los bancos cierran por ley |
| Bank holiday Monday | lunes de puente |
| New Year's Day (Jan 1) | Año Nuevo (1 de enero) |
| Epiphany (Jan 6) | Reyes (6 de enero) |
| St Valentine's Day (Feb 14) | San Valentín (14 de febrero) |
| Shrove Tuesday/Pancake Day | Martes de Carnaval (este día es tradicional merendar crêpes con azúcar y zumo de limón) |
| Ash Wednesday | Miércoles de Ceniza |
| Independence Day | 4 de julio, fiesta de la indepencia de los EEUU |
| Maundy Thursday | Jueves Santo |
| Good Friday | Viernes Santo |
| May Day (May 1) | 1 de mayo, día del trabajador |
| Thanksgiving | día de Acción de Gracias, fiesta típica de EEUU y Canadá |
| Halloween (Oct 31) | Halloween (fiesta de fantasmas y brujas que se celebra la víspera de Todos los Santos) |
| All Saints' Day | Todos los Santos |
| Guy Fawkes Day/Bonfire Night (Nov 5) | fiesta de Guy Fawkes/de las hogueras (5 de noviembre: se celebra que el católico Guy Fawkes fracasó en su intento de incendiar el parlamento) |
| Remembrance Sunday | fiesta en recuerdo a los caídos en las dos guerras mundiales |
| St Nicholas' Day (Dec 6) | San Nicolás (6 de diciembre) |
| Christmas Eve (Dec 24) | Nochebuena (24 de diciembre) |
| Christmas Day (Dec 25) | Navidad (25 de diciembre) |
| Boxing Day (Dec 26) | día de fiesta que sigue al día de Navidad |
| New Year's Eve (Dec 31) | Nochevieja (31 de diciembre) |